W0329382

Reinhard Zehetner

Ich selbst bin mein Beweger

ICH SELBST BIN MEIN BEWEGER

Anregungen und Impulse für ein erfülltes Privat und Berufsleben

HECHT-VERLAG

Impressum:

2006, Hecht-Verlag

Druck: Hecht Druck, A-6971 Hard

Texte des Autors dürfen kopiert werden,

nachdem der Verlag informiert wurde.

Gestaltung: Norman Hecht

ISBN 3-85298-031-3

Illustrationen: Martin Michael Rhomberg

Für meine Eltern Walter und Erna,
die mir Werkzeuge
des Lebens geschenkt haben.

Für meine Frau Elisabeth und
meine Tochter Bettina,
die mein Kräftepool sind und
die mich dabei unterstützen,
meine Träume zu verwirklichen.

Inhalt

Vorwort

Wenn ich die letzten Jahre seit 1989 als Trainer und Praktiker an vorderster Front vorbeiziehen lasse und meine Erfahrungen auf den Punkt bringe, so hängt diese Erfahrung eng mit dem Wort TUN zusammen.

Viele meiner 12.000 Seminarteilnehmer aus ca. 120 verschiedenen Betrieben wissen in der Theorie sehr gut, was sie tun sollten, wie sie dies und jenes Problem angehen müssen oder welche Verhaltensweisen in ihrem Leben welche Auswirkungen haben. Dies ist eben die Theorie, die sich von der Praxis sehr oft ganz stark unterscheidet. Die Praxis ist nämlich so, daß viele dieser Theorien nie umgesetzt werden und daher meiner Meinung nach völlig wertlos sind.

In einem Interview in Radio Liechtenstein habe ich es auf den Punkt gebracht:
Mir ist eine Hausfrau, die ein Kuchenrezept kennt und diesen Kuchen auch backt, lieber als eine, die 3500 Rezepte kennt und nie einen Kuchen backt.

Dieses Buch gibt einige wichtige Denkanstöße und zeigt auch Möglichkeiten auf, wie wir mit dem „Kochen" – sprich mit der Umsetzung – beginnen können.

Handhabung des Buches

Wie auch bereits sein erstes Buch „Ich muß bei mir selbst beginnen“ (ein Bestseller im Bundesland Vorarlberg/ Österreich), so sieht Reinhard Zehetner sein zweites Buch nicht als eine Lektüre, die nur einmal gelesen wird, sondern die ständig zur Hand genommen werden kann. Das erste Buch zum Beispiel war eine Lektüre, die viele Menschen, egal ob Hausfrau oder Manager, an ihrem Arbeitsplatz offen liegen hatten, um sich ständig wieder ein kleines Kapitel zu Gemüte zu führen.

Dieses zweite Buch geht nun einen Schritt weiter. Der Leser soll nach jedem Kapitel die Möglichkeit haben, seine eigenen Notizen festzuhalten. Hier sollen auch konkrete Handlungen fixiert werden. Das heißt, daß dieses Buch Ihr eigenes Werk sein muß, das Ihre persönliche Note trägt.

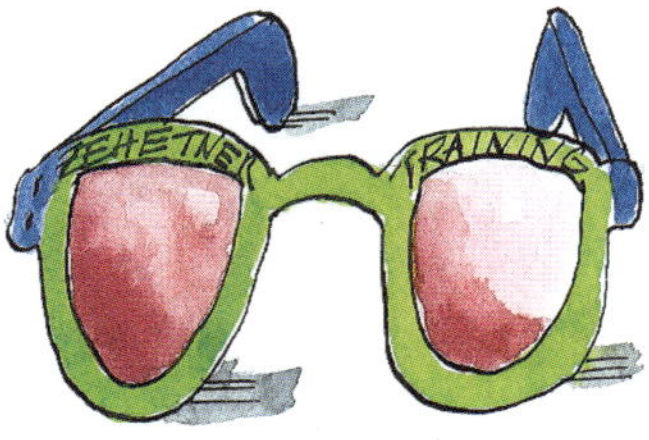

Über den Autor

Christian Wagner schreibt in seiner an der Universität Innsbruck eingereichten Diplomarbeit über Reinhard Zehetner:

„Seine Stärken sind u.a. seine flexiblen Seminarkonzepte, sein Umgang mit Menschen und sein Einfühlungsvermögen, seine 'aktive Persönlichkeit'."

Über 12.000 Personen haben Trainings von ihm besucht. Der Praktiker arbeitet mit mehr als 120 Firmen, Institutionen und Vereinen zusammen. Neben seiner Trainertätigkeit ist er Vortragender bei Großevents sowie Lehrbeauftragter an der Universität Innsbruck. Er arbeitet in Kleinbetrieben mit acht Mitarbeitern genauso wie in Großbetrieben mit 2000 Personen.

Sein Seminarangebot umfaßt folgende Themen:

- Seminare zu seinem Buch „Ich muß bei mir selbst beginnen"
- Führungstrainings
- Kooperations- und Kommunikationstrainings
- Trainings zur Teamentwicklung
- Konfliktlösungsseminare
- Bootseminare und Seminare mitten in den Bergen
- Seminare für Sportvereine und Verbände

* Seminar zum Buch „Ich selbst bin mein Beweger"

Informationen

Nähere Informationen über REINHARD ZEHETNER und weitere Unterlagen erhalten Sie kostenlos bei:

ZTN
ZEHETNER TRAININGS NETZWERK
TRAINING & CONSULTING
PROZESSORIENTIERTE DYNAMISCHE PERSONALENTWICKLUNG

Bundesstraße 36
A 6923 Lauterach
Tel. 00 43 / 55 74 / 7 80 21
Fax 00 43 / 55 74 / 7 80 21-7
E-Mail: info@ztn.biz
www.ztn.biz

Die 100%-Entscheidung

Ich habe viele Menschen kennengelernt, die erst dann mit der Umsetzung einer Idee beginnen, wenn sie sich 100%ig sicher sind, daß diese Umsetzung auch die beste ist, die es gibt. Wenn ich in meinem Leben immer auf die 100%-Lösung gewartet hätte, wäre kaum etwas bewegt worden.

Sie wollen sich einen Computer und 100%ig den besten kaufen.
Sie sind sich ganz sicher, daß sie sich bereits für den richtigen entschieden haben. Nach 14 Tagen gehen Sie voller Tatendrang in ein Computerfachgeschäft und wollen diesen Computer erwerben. Sie schildern ihre Situation dem Verkäufer, der ihnen den Tip gibt, noch 14 Tage zu warten, da dann eine Lieferung kommt, die ihren Anforderungen noch mehr entspricht. Sie warten und bekommen 10 Tage später eine Computerzeitung in die Hand.
Hier wird erwähnt, daß in ca. 2 Monaten eine ganz neue Generation von Computern auf den Markt kommt. Jetzt wollen sie wieder warten, da sie ja eine 100% richtige Lösung für sich haben wollen.
Bei diesem Unterfangen wünsche ich Ihnen viel Spaß und ich hoffe, daß Sie den Computer noch zu Ihren Lebzeiten kaufen können.

Ein anderes Beispiel ist für mich die Tatsache, daß viele Menschen stets nach dem „richtigen“ Zeitpunkt suchen, um Konflikte anzugehen. Da sie nie den 100%ig richtigen Zeitpunkt finden, gehen diese Menschen viele Konflikte in

Wirklichkeit sehr selten an. Wichtig dabei ist nur, daß wir dieses Verhalten unserem Gewissen so verkaufen, daß wir am Schluß noch stolz auf uns sind.

Ein Firmenchef eines 100-Mann-Unternehmens wollte mit mir Seminare absprechen.
Als es um die Frage ging, wann eigentlich der beste Zeitpunkt in der Firma sei, um Seminare zu veranstalten, sagte der Firmenchef zu mir:

„Herr Zehetner, wissen Sie, wenn ich auf den 100%ig richtigen Zeitpunkt warten würde, dann wären die meisten meiner Mitarbeiter bis dahin schon in Pension.
Es ist doch nur eine Frage, ob ich diese Seminare will oder nicht und welchen Stellenwert sie einnehmen."

DEN RICHTIGEN ZEITPUNKT FÜR ENTSCHEIDUNGEN SEHEN .....

Besser unvollkommene Entscheidungen durchführen als ständig nach vollkommenen suchen, die es niemals geben wird.

Charles de Gaulles

Meine  **ganz persönlichen Notizen:**

Wir belügen und betrügen uns selbst

Ein Mitarbeiter war über einen längeren Zeitraum völlig unglücklich. Der Grund dafür war, daß sein Vorgesetzter ihn absolut autoritär behandelte. Er bekam von diesem ständig Äußerungen zu hören wie „Machen Sie das genau so und fragen Sie nicht warum" oder „Überlassen Sie das Denken den Pferden, die haben den größeren Kopf" oder „Sie machen das, weil ich es Ihnen sage" oder „Wenn Ihnen was nicht paßt, so warten auf der Straße schon zehn andere, die gerne Ihren Job machen würden". Nun war es soweit, der Mitarbeiter wollte mit seinem Vorgesetzten darüber reden. Er nahm es sich vor. Nun, an dem Tag, als er das Gespräch führen wollte, war der Chef schlecht aufgelegt (so empfand es jedenfalls der Mitarbeiter), am nächsten Tag war Freitag und der Mitarbeiter wollte dem Chef das Wochenende nicht verderben. Am Montag hatte der Chef Geburtstag, da wollte er auch nicht mit ihm sprechen. Am Dienstag hatte der Chef sehr viel zu tun, am Mittwoch gab es wieder ein anderes „Hindernis". So schaffte es der Mitarbeiter, daß er mit dem Chef nie über sein Problem gesprochen hat, jedoch sein Gewissen beruhigt hatte, indem er sich einredete, es ja zumindest versucht zu haben. Erlauben Sie mir, daß ich in diesem und auch in anderen Beispielen etwas übertreibe, damit klar zum Ausdruck kommt, was ich meine. Im Jahre 3000 wird sich der Mitarbeiter wundern, warum immer noch nichts verändert worden ist. Mich wundert es nicht, denn wenn der Mitarbeiter mit seiner Taktik so weitermacht, wird er nämlich bis dahin noch gar nicht mit seinem Vorgesetzten gesprochen haben. Wir belügen und betrügen uns ständig selbst. Wir bauen uns eine Scheinwelt auf und machen uns etwas vor, damit wir etwas Unangenehmes nicht angehen müssen, damit wir uns selbst überlisten können.

ALF, den Sie vielleicht aus dem Fernsehen kennen, ist ein hervorragender Menschenkenner. Er sagte einmal:
„Ihr Erdlinge seid schon komische Wesen, ihr denkt etwas, sagt es dem anderen aber nicht, wundert euch aber, daß der andere dieses Verhalten nicht ändert."

In einer Firma beklagten sich fünf Mitarbeiter in einem Einzelgespräch bei mir darüber, daß ihr Vorgesetzter jeden Morgen durch die Produktionshalle laufe, ohne sie zu grüßen. Auf meine Frage hin, ob sie ihm schon gesagt hätten, daß sie dieses Verhalten störe, meinten sie nur:
„Das ist doch nicht unsere Aufgabe. Er ist doch der Chef und sollte wissen, was sich gehört." Als ich die Mitarbeiter fragte, ob sie der Ansicht seien, daß sich der Chef absichtlich so verhalte, meinten sie: „Das wissen wir doch nicht." Auf meine Frage, ob es denn möglich wäre, daß dem Vorgesetzten dies selbst gar nicht auffällt, meinten sie nur: „Ja, das ist schon möglich, daß er es nicht mit Absicht macht."
Übrigens, dieses Verhalten des Chefs störte verschiedene der fünf Mitarbeiter schon seit mehreren Jahren.
Als es nun darum ging, das Problem anzugehen, wollte dies niemand, und jeder tat so, als ob doch alles o.k. sei. Ich sagte zu den Mitarbeitern: „Ihr wißt ganz genau, was zu tun ist, und ihr könnt es nur selbst entscheiden, da auch

niemand außer euch für diese Entscheidung eine Verantwortung übernehmen kann."
Wenn mich das Verhalten eines anderen Menschen über einen längeren Zeitraum stört, dann muß ich es ihm sagen. Es ist für mich nicht in Ordnung, daß ich es ihm nicht sage und drei Jahre lang immer darüber schimpfe, daß er dies und jenes nicht macht. Es ist absolut falsch, mir selbst einzureden, daß doch eigentlich alles in Ordnung sei, wenn es darum geht, diese „Chance" anzupacken.
In solchen Situationen sind wir Menschen Angsthasen.

MITARBEITER – GESPRÄCH MIT VORGESETZTEM SUCHEND

Mir sind Situationen bekannt, wo sich Mitarbeiter bei der Chefsekretärin danach erkundigt haben, welche Krawatte der Chef an diesem Tag trage. Und als ein Mitarbeiter erfuhr, daß der Chef an diesem Tag die rote Krawatte mit den weißen Tupfen trage, war der Mitarbeiter völlig erleichtert.

Er sagte: „Oje, dann rede ich heute lieber nicht mit ihm über mein Problem. Denn jedesmal, wenn er diese Krawatte trägt, ist er schlecht aufgelegt."
Ich bin davon überzeugt, daß dieser Mitarbeiter an jenem Abend mit erhobenem Haupt vom Büro nach Hause ging und dachte: „Eigentlich bin ich schon ein intelligentes Kerlchen und richtig stolz auf mich, daß ich noch darauf gekommen bin, daß der Chef heute diese Krawatte trägt."
Wir Menschen belügen und betrügen uns ständig selbst.

Dies gilt nicht nur bei Problemen, sondern bei Aktionen kreuz und quer durch unser Menschsein.

Eine Frau und ein Mann wollten ihren Urlaub in Kenia verbringen. Eines Tages ging der Fernseher kaputt. Sie gingen zu einem Elektrohändler und wußten, daß sie für ein neues Gerät öS 14.000,– (DM 2.000,–) zur Verfügung hatten. Sie sahen verschiedene Geräte und „verliebten" sich in einen Fernseher, der öS 28.000,– (DM 4.000,–) kostete. Es dauerte nicht lange, da einigte sich das Pärchen so: „Wenn wir heuer im Urlaub nicht drei Wochen nach Kenia, sondern nur zwei Wochen nach Mallorca fliegen, so können wir uns diesen Fernseher kaufen.
Gesagt, getan. Als sie dann einige Zeit später im Reisebüro standen und die tollen Prospekte der Safari in Kenia nochmals sahen, trafen sie folgende Vereinbarung: „Wir fahren heuer doch drei Wochen nach Kenia, denn wer weiß, wann wir das sonst wieder einmal sehen. Dafür bleiben wir nächstes Jahr zu Hause." Ob die beiden im

folgenden Jahr wirklich zu Hause blieben, wollen Sie wissen? Nein, natürlich nicht. Diese Leute schaffen es, daß sie sich so gut belügen, daß es ihr Gewissen nicht spürt.

Wer sich ständig selbst belügt und betrügt, kann sich auf einmal auf sich selbst nicht mehr verlassen.

Meine  **ganz persönlichen Notizen:**

Konflikte angehen

Nachdem wir vorhin festgestellt haben, daß wir uns in Konfliktsituationen so lange anlügen, bis wir selber glauben, daß es sich nicht um Konflikte handelt, möchte ich darauf hinweisen, daß wir die Verpflichtung haben, Konflikte anzugehen, anstatt ihnen aus dem Wege zu gehen. Wenn ich einem Konflikt ständig aus dem Weg gehe, ist die Wahrscheinlichkeit, daß sich dieser vertieft und dann nur mehr sehr schwer lösbar wird, sehr groß.

Wenn jedoch Konflikte rasch angegangen werden, ist die Chance, sie noch lösen zu können, wesentlich größer.

Ich habe vor allem mir selbst gegenüber die Verpflichtung und die Verantwortung zu entscheiden, ob ich durch das Angehen von Problemen etwas bewegen kann, oder ob es nur absolute Kraftverschwendung ist. Hier ist die Gefahr allerdings sehr groß, daß ich es wieder als Kraftverschwendung auslegen werde, nur damit ich den Konflikt nicht angehen muß.

Ich bin der Meinung, daß ich nur dann Konflikte nicht angehen muß, wenn ich einen Mitarbeiter in einer großen Firma nur selten sehe.

Ein weiser Spruch, an dem ich mich seit vielen Jahren stark orientiere, lautet:

Gott, gib mir die Gelassenheit,
jene Dinge zu akzeptieren,
die ich nicht ändern kann,
den Mut, die Dinge zu ändern,
die ich ändern kann,
und die Weisheit,
das eine vom anderen zu unterscheiden.

Oft erlebe ich Menschen, die ihre Kraft und Energie genau für die falschen Dinge einsetzen. Sie jammern über das schlechte Wetter. Ein Mitarbeiter in einer Firma schimpfte ständig über ein kleines Lager, obwohl der Neubau eines größeren Lagers schon begonnen worden war.

Ich finde es schon wichtig, den richtigen Zeitpunkt für eine Problemlösung abzuwarten. Jedoch sollte der Zeitpunkt nicht erst im Jahr 3000 sein. In einem Zustand, bei dem zwei Menschen starke negative Emotionen wegen diesem Problem haben, erscheint mir der Zeitpunkt für ein gutes Problemlösungsgespräch falsch. Vielleicht ist die Gesprächsbasis für ein gutes Gespräch am nächsten Tag besser.

KONFLIKTUMGEHUNG

Bereits im vorigen Kapitel habe ich anstelle des Wortes Konflikt oder Problem das Wort Chance verwendet. Oft bieten gerade solche Auseinandersetzungen, wenn sie gut und fair geführt werden, Chancen für eine Weiterentwicklung.

Oft sind Konflikte, die wir angehen, Chancen für eine Weiterentwicklung.
Stellen Sie sich den Problemen und Konflikten, die auf Sie zukommen.

Meine ganz persönlichen Notizen:

Die Regel 97:3

Im Rahmen meiner Seminare mache ich oft Pausen, damit die Teilnehmer die Möglichkeit haben, über die vorhin im Seminar erarbeiteten Inhalte auf einer anderen Basis zu diskutieren. Sie besprechen die Inhalte des Seminars und ergänzen sie mit Beispielen aus der Praxis.

Hie und da erlebe ich jedoch, wie Teilnehmer über dies und jenes schimpfen.
In der Freizeit oder bei einem gemütlichen Beisammensein gibt es dies wesentlich öfter. Es wird immer wieder darüber gesprochen, was alles schlecht sei. Wenn es mir dann zu bunt wird, stelle ich demjenigen nur eine Frage: „Wenn in Deiner Firma wirklich alles so schlecht ist, warum arbeitest Du dann immer noch dort?" Die Antwort ist meist dieselbe:

„Ja, alles ist ja doch nicht schlecht". Ich habe die Erfahrung gemacht, daß viele Menschen lieber über die 3%, die negativ sind, sprechen als über die 97 %, die positiv sind.

Ich lade Sie ein, sich hier selbst einmal zu beobachten. Nehmen Sie einfach ein Blatt Papier zur Hand und lassen Sie am Abend den jeweiligen Tag nochmals vor Ihren Augen ablaufen. Machen Sie sich dann Notizen, bei denen Sie dann auch die 97:3 Regel anwenden. Führen Sie das sieben Tage lang durch und sollten Sie dann entdecken, daß auch Sie zu diesen Menschen gehören, so seien Sie nicht enttäuscht. Krempeln Sie die Ärmel hoch und beginnen Sie an diesem Thema zu arbeiten.

DIE 97:3 REGEL

Einer meiner Seminarteilnehmer, ein Fußballspieler, hat einmal einen wahren Spruch getan:

„Eigentlich sind die meisten Menschen pervers. Ich spiele aktiv Fußball und trainiere 4 – 6 x die Woche, da ich sonst eine wesentlich schlechtere Leistung bringen würde. Ich habe jedoch auch oft mit Menschen zu tun, aber den richtigen Umgang mit diesen trainiere ich nie.“ Ich konnte dem nichts hinzufügen.

Reden wir doch über die 97 %, die gut sind, und schimpfen nicht ständig über die 3%, welche schlecht sind.

Meine  **ganz persönlichen Notizen:**

Ich und meine Oberflächlichkeit

In einem Vortrag, den ich vor zwei Jahren hielt, stellte ich die Behauptung auf, daß die meisten Menschen sehr oberflächlich sind und sich als Feiglinge erweisen, wenn es darum geht, unter die Oberfläche zu gehen.

Ich arbeite in diesem Buch mit vielen praktischen Beispielen, weil meiner Meinung nach diese Beispiele prägnanter und besser nachvollziehbar sind als theoretische Abhandlungen.

Als Lebens- und Sozialberater bin ich auch mit Ehepaaren zusammen, die ein Gespräch mit mir suchen. Der Mann wirft der Frau vor, daß sie nach 25jähriger Ehe nicht einmal wisse, was seine Lieblingsspeise ist. Dies ist absolut kein Sonderfall. Ich bin der Meinung, daß sehr viele Probleme, die wir in einer Beziehung im privaten Bereich oder auch in Firmen haben, eine Folge unserer Oberflächlichkeit sind.

Betrachten wir doch einmal eine Durchschnittsfamilie: Mann, Frau und ein Kind. Durchleuchten wir ihre Hauptgesprächspunkte:

- Was unternehmen wir heute abend ?
- Was machen wir am Wochenende ?
- Wo verbringen wir unseren Sommerurlaub ?
- Welches Geschenk kaufen wir Tante Karin ?
- Welchen Film schauen wir heute an ?
- Was kaufen wir dem Kind zum Geburtstag ?
- Was kaufen wir dem Kind zu Weihnachten ?

Diese Fragen haben sicherlich ihre Daseinsberechtigung. Jedoch sind viele Fragen meiner Meinung nach wichtiger, die aber seltener gestellt werden.

- Wie fühlst du dich?
- Wo findest du meine Art gut?
- Wo wünscht du dir eine Verhaltensänderung von mir?
- Wie können wir uns miteinander weiterentwickeln?
- Wo können wir uns gegenseitig ergänzen?
- In welchen Dingen sollten wir mehr aufeinander zugehen?

Ich habe sehr oft von Menschen gehört, daß diese Diskussionen überflüssig seien, weil man ja seinen Partner kenne. Ich schaue jetzt einfach einmal durch meine rosarote Brille und stelle folgende Behauptung auf:

Den meisten Menschen ist es sehr peinlich, über solche Dinge zu sprechen.

In einer Untersuchung in Deutschland wurde festgestellt, daß in einer Beziehung im Schnitt neun Minuten am Tag miteinander gesprochen wird.

Ob dies in Österreich und der Schweiz gleich ist, kann ich nicht beurteilen, da mir hier keine Untersuchungen bekannt sind.

Wenn ich jedoch heute von der Oberflächlichkeit rede, so meine ich nicht nur diese Art.
Im Seminar mache ich gerne folgende Übung. Fünf Teilnehmer, die eine Uhr am Handgelenk haben, kommen zu mir nach vorne und decken ihre Uhr ab.
Danach frage ich die Teilnehmer, wie lange sie diese Uhr schon besitzen und wie oft sie glauben, daß sie schon auf diese Uhr geschaut haben.

Sehr oft waren es einige tausendmal. Ich frage sie nun um die Beschaffenheit ihrer Uhr. Dort wurde dann schon erzählt, daß die Uhr einen Sekundenzeiger habe, obwohl keiner sichtbar war. Jemand anderer berichtete, daß er ein Datum habe, es war jedoch nirgends zu sehen. Sogar die Farben wurden schon verwechselt. Weiters sagten sehr viele, daß ihre Uhr Ziffern habe, während sie jedoch nur Striche aufwies. Dies hat für mich auch etwas mit einer Oberflächlichkeit zu tun, jedoch auf eine andere Art.
Nachdem ich alle Teilnehmer durchgefragt hatte, und sie das Gesagte mit den Uhren verglichen, meinten sie, die Übung sei fertig. Weit gefehlt. Nachdem nun jeder und jede

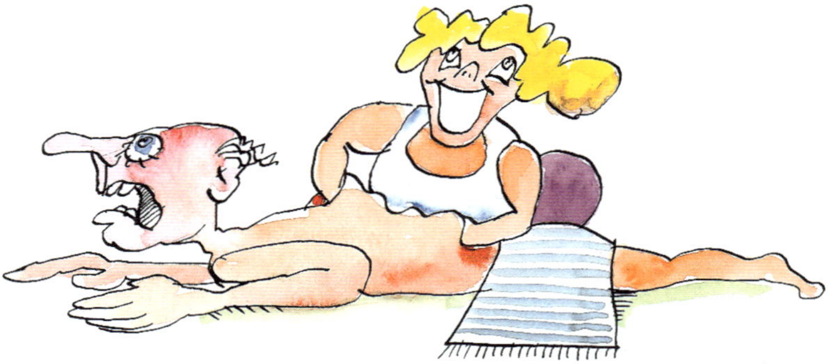

BEZIEHUNGEN DIE UNTER DIE OBERFLÄCHE GEHEN SIND SPÜRBAR.

auf die Uhr geschaut hatte, um sie zu beschreiben, wollte ich nun wissen, wie spät es genau ist. In den wenigsten Fällen konnten mir die Teilnehmer eine genau Uhrzeit sagen. Oft hörte ich folgende Äußerung: „Ich habe doch auf die Beschaffenheit der Uhr geschaut und nicht auf die Zeit."

Beobachten Sie sich selbst einmal und entscheiden Sie dann für sich, ob Sie oberflächlich sind und ob Sie diese Oberflächlichkeit nicht gerne ablegen möchten.

Wir Menschen sind in verschiedenen Bereichen schon so oberflächlich, daß wir nicht einmal mehr die einfachsten Dinge wahrnehmen. In mehreren Tests habe ich Menschen die Augen zugebunden und sie an verschiedenen Pflanzen, Kräutern und Früchten riechen lassen. Können Sie sich vorstellen, daß jemand

- einen frisch aufgeschnittenen Apfel nicht erkannte
- eine Zwiebel mit einem Knoblauch verwechselte
- jemand eine Zitrone, eine Orange nicht erkannte?

Wenn dies nur einmalig gewesen wäre, dann würde ich hier nicht davon berichten. Führen Sie solche „Versuche“ doch einmal selber aus.

Wenn wir in Beziehungen unter die Oberfläche gehen, werden wir spüren, daß die Beziehung einen ganz anderen Stellenwert bekommt.

Meine  **ganz persönlichen Notizen:**

Mein Leben in der Gegenwart

Die Zukunft ist noch nicht da und die Vergangenheit ist schon vorbei.

Mir bleibt also nur eines und das ist die Gegenwart. Ich lebe in der Gegenwart und ausschließlich in der Gegenwart. Ich habe in meinem Leben gemerkt, daß ich auch sehr oft nicht bei der Sache war, bei dem, was ich gerade gemacht habe. Ich konnte früher frühstücken, reden, Zeitung lesen und Radio hören, und zwar alles gleichzeitig. Es war für mich eine schöne Erfahrung zu erkennen, um wieviel meine Lebensqualität gesteigert werden konnte, wenn ich ausschließlich bei dem war, was ich gerade tat.

Hier gibt es eine wunderschöne Geschichte, die das genau auf den Punkt bringt:

Ein Mönch wurde von Besuchern um eine Lebensweisheit befragt.

<u>Darauf antwortete er:</u>

„Wenn ich stehe, dann stehe ich.
Wenn ich gehe, dann gehe ich.
Wenn ich sitze, dann sitze ich.
Wenn ich esse, dann esse ich.
Wenn ich spreche, dann spreche ich.

<u>Darauf antworteten sie:</u>

„Das tun wir doch auch."

<u>Der Mönch:</u>

„Nein. Wenn ihr sitzt, dann steht ihr schon.
Wenn ihr steht, dann lauft ihr schon.
Wenn ihr lauft, seid ihr schon am Ziel."

Oft höre ich von Teilnehmern, daß es doch gerade in einer so hektischen Zeit wie heute gar nicht möglich sei, im Augenblick zu leben und sich nur auf diesen zu konzentrieren. Mir ist auch klar, daß sich in dieser schnellebigen Zeit, wo hauptsächlich das strukturierte Chaos herrscht, viele

Dinge in kürzester Zeit abwechseln. Trotzdem muß ich bei der Sache sein, bei der ich gerade bin.

Für das Berufsleben kann das heißen:

- Wenn ich mit meinem Chef spreche – spreche ich mit meinem Chef.
- Wenn ich telefoniere – dann telefoniere ich.
- Wenn ich mit meiner Frau spreche – dann spreche ich mit meiner Frau.
- Wenn ich Musik höre – dann höre ich Musik.
- Wenn ich etwas esse – dann esse ich.

Lebe im Jetzt und genieße diesen Moment.

Meine  **ganz persönlichen Notizen:**

An dieser Stelle möchte ich Ihnen meine Lieblingsgeschichte aus dem Buch „Der Weg ins Glück“ von Bernard Benson vorstellen:

DAS HIER UND HEUTE

Bald nachdem sie wieder unterwegs waren, vernahmen sie in der Ferne das Rumpeln eines Karrens, und als der um die Kurve bog, sahen sie etwas sehr Merkwürdiges … Da kam ein Ochsenkarren daher mit drei Männern darauf … einer stand vorn … mit einem Fernrohr und schaute sehr sorgenvoll drein … ein zweiter schaute zurück … und schaute ebenso besorgt drein … doch der Dritte zwischen diesen beiden, ein kleiner Mann, wirkte sehr fröhlich …

Als der Wagen herankam, rief der fröhliche Kleine … „Hallo, ihr da, springt doch auf!“ das taten sie dann auch. Die anderen beiden Männer, die mit den Fernrohren, hatten die Kinder nicht einmal bemerkt.
„Was in aller Welt tun die beiden?“ fragte eines von ihnen.
„Oh... das da ist Herr Vorschau“, sagte der kleine Fröhliche und deutete auf den Mann, der vorn stand, „er tut nichts anderes als vorausschauen … und planen und sich sorgen!“
„Und der Andere ...?“

„Das ist Herr Rückschau, alles was er je tut, ist zurückschauen ..., für gewöhnlich bereut er etwas!"
„Und was tun sie ?", fragten sie den Mann in der Mitte.
„Ich…? Ich lebe in der Gegenwart…IM HIER UND HEUTE… Ich sehe die Blumen und die Vögel und die Bäume … und alles um mich herum … Ich habe euch gesehen! Hin und wieder schaue ich sorgsam voraus, um zu sehen, wohin ich gehe, und zurück, um aus Erfahrungen zu lernen …
Aber ich lebe im Jetzt von Augenblick zu Augenblick!"
„Warum ?", fragten die Kinder.
„Weil das Morgen noch nicht da und das Gestern schon vorbei ist … Daher ist das HEUTE alles, was wir haben, und wenn wir es nicht nutzen und genießen, werden wir unser Leben am Ende vertan haben!"
„Dieser heutige Tag und dieses mein Ich … sind ein einmaliges Ereignis im Universum … ein Zusammentreffen, das es nie zuvor gegeben hat … und nie wieder geben wird … Nirgendwo, Niemals!"
„Und was geben sie der Welt ?", fragte eines der Kinder, ein wenig scheu.
„Alles, was ich an Gutem tun kann, als Dank für jeden Tag meines Lebens!"
„Bedenket stets … die Gegenwart ist die Frucht der Vergangenheit … und der Same der Zukunft … vergeßt das nie!"

Knaur Verlag „Der Weg ins Glück"

Visionen, Strategien, Leitbild und Ziele

Als ich vor sieben Jahren selbständiger Trainer wurde und mit Freund Andi, der Betriebswirt ist, auf eine Hütte gegangen bin, um Visionen, Strategien, Leitbild und Ziele zu entwickeln, haben sich einige Menschen an den Kopf gegriffen und sich gefragt, ob der Zehetner eigentlich noch ganz normal ist.

Ich war vier Tage mit der Erstentwicklung eines Leitbildes beschäftigt, arbeitete dann zu Hause weiter an diesem Thema. Anschließend fuhr ich zu einem Fachmann auf diesem Gebiet nach Zürich.
Danach lebte ich das Firmenleitbild fünf Jahre, überprüfte ständig, was ich von diesen Dingen auch tatsächlich umsetzte und ging mit zwei externen Trainern drei Tage auf eine Hütte in die Berge, um die Schlußfassung meines Leitbildes zu schreiben.

Ein Firmenchef sagte zu mir: „Reinhard, entschuldige, aber ich habe ein 300-Mann-Unternehmen und ich brauche all diese Dinge nicht. Kannst du mir erklären, wofür du das brauchst?"

Ich sagte ihm, daß ich doch einfach wissen muß, in welche Richtung ich gehe, welche Strategie ich anwende und welche Ziele ich habe.

Ende Juni 96 habe ich die geplanten 67% aller Aufträge für 1997 fix vergeben. Das heißt, daß ich mir vorher bereits folgende Fragen gestellt haben muß:

- Wieviel Prozent möchte ich 1996 schon für 1997 fix vergeben?
- In welchen Firmen möchte ich 1997 arbeiten?
- Möchte ich 1997 im Sportsponsoring tätig sein?
- Wie unterstütze ich 1997 in Not geratene Menschen?
- Wieviele Arbeitstage möchte ich für 1997 einplanen?

Wenn ich mir all diese Fragen nicht stellen würde, so könnte es passieren, daß ich dann im Jahre 97 zu der Erkenntnis komme, daß ich das, was ich eigentlich machen wollte, gar nicht mehr machen kann, da ich falsch geplant habe.

Die Vision ist für mich das Allerwichtigste. Wenn ich meinen „leuchtenden Fixstern" nicht kenne (so umschreibe ich die Vision), weiß ich nicht, in welche Richtung ich meinen Weg gehen muß. Eine Vision gibt Kraft, ist richtungsweisend, muß aber gar nie erreicht werden. Für mich ist die Vision darum so wichtig, weil sie sich in der Zukunft befindet und ich die Zukunft noch vor mir habe und ich dort noch etwas TUN kann. In der Vergangenheit kann ich nichts mehr verändern. Viele Menschen meinen, es sei ein Widerspruch, Visionen zu haben und dennoch im Hier und Jetzt zu leben. Ich sehe das ganz anders. Ich kann doch Visionen haben und trotzdem ständig bei dem sein, was ich gerade mache.

Wenn Sie mehr über meine eigene Vision und mein Leitbild wissen wollen, so können Sie dies gerne kostenlos bei mir anfordern.

Die Vision ist viel wichtiger als die Revision.

Meine  **ganz persönlichen Notizen:**

Das Agieren und das Wollen

Daß zwischen Theorie und Praxis ein großer Unterschied besteht, habe ich ja bereits erwähnt. Daß wir uns selbst belügen und betrügen, wurde auch schon dargestellt.

In der Theorie meinen sehr viele Menschen in Firmen und in der Privatsphäre, daß sie ständig agieren und nicht reagieren. Ich behaupte jetzt einmal, daß das eine schöne Theorie ist, denn die Praxis draußen an der Front lehrt mich etwas ganz anderes. In den meisten Fällen wird reagiert und man belügt sich wieder und meint, man habe agiert.

Wenn ich den Unterschied zwischen agieren und reagieren erkläre, so greife ich gerne auf ein Beispiel zurück.

Agieren ist für mich, wenn ich als Firma vorbeugende Maßnahmen, wie eine Sprinkleranlage, in meinen Bürogebäuden und in der Produktion installiere. Und reagieren ist, wenn ich ein paar Leute mit einem Handfeuerlöscher herumlaufen lasse, wenn es brennt.

Wenn jemand Visionen, Strategien, Leitbild und Ziele hat, so kann er sich danach ausrichten, orientieren und gezielt dorthin arbeiten. Dies ist agieren.

Wenn jemand dies nicht hat, dann mag er vielleicht fleißig arbeiten und das Beste geben. Es mag alles stimmen, nur vielleicht macht er das Falsche.
Und dann kann ich noch so fleißig sein und mein Bestes geben.

Ich habe 1995 die Universität Innsbruck beauftragt, eine Marketingstudie über mein Einmann-Trainingsunternehmen zu machen. Der Student, der mich befragte, war zuerst verwundert darüber, warum ich dies trotz vollen Auftragsbüchern benötige. Ich erklärte es ihm mit den Worten „agieren und reagieren".

Ich möchte Ihnen anhand von zwei Beispielen zeigen, wie unterschiedlich in den Firmen Führungskräfteausbildung verstanden wird.
Die erste Firma wählt Mitarbeiterinnen und Mitarbeiter aus, die das Potential haben, einmal Führungskräfte zu werden. Sie bilden diese jungen Leute bereits als Führungskräfte im Vorfeld aus. Sie sagen den Teilnehmern auch, daß diese Ausbildung jedoch keine Garantie dafür ist, daß sie einmal Führungskraft werden.
Eine andere Firma ersetzt die aus dem Unternehmen ausscheidende Führungskraft erst kurze Zeit vorher, gibt keine begleitende Ausbildung mit auf den Weg, hat als oberste Priorität bei der Auswahl des Nachfolgers dessen fachliche Kenntnisse. Ob diese Person führen kann oder nicht, ist nicht maßgebend.

Bitte, sagen Sie jetzt nicht, daß dieses Beispiel von 1967 stammt. Nein, dieses Beispiel, und hier kenne ich mehrere, stammt aus dem Jahre 1996.

Chefs sind oft unglücklich über die Führungsqualität ihrer Führungskräfte. Sie wissen ganz genau, daß sie etwas dafür tun müssen. Nun sind aber genau diese zukünftigen Führungskräfte vermeintlich oft nicht abkömmlich. Trotzdem wundert sich der Chef, daß das Führungsverhalten seiner Führungskräfte nicht besser wird.

Ich würde meinen, daß sich in solchen Fällen die Katze im Kreis bewegt und sich immer wieder in ihren eigenen Schwanz beißt. Für mich ist das nur eine Frage der Priorität und eine Frage des Wollens.

Dieses Wollen unterschätzen wir sehr oft in unserem Leben. Oft meinen wir, wir wollen. Oft tun wir so, als ob wir wollen. Wir müssen ehrlich zu uns selbst sein und uns eine ehrliche Antwort geben. Will ich oder will ich nicht!

Agiere und du bist anderen, die nur reagieren, oft einige Schritte voraus.

Meine  **ganz persönlichen Notizen:**

Die innere Belehrung

Gerade in der heutigen Zeit, in der Hektik, Streß und ein immer schneller werdendes Tempo unser Leben bestimmen, erscheint es mir wichtig, auf die Intuition oder innere Belehrung hinzuweisen. Wir Menschen suchen doch fast alles im Außen. Was zu tun ist, welche Entscheidungen wir treffen, welche Strategien wir wählen und vieles andere mehr suchen wir doch ständig im Außen. Wir erwarten uns Hilfe vom Außen. Ich sehe dies etwas anders. Für mich sind die wichtigen Antworten ausschließlich im Innen zu finden. Sie sind in uns.
Meine Vision und meine wichtigen Entscheidungen habe ich stets im Inneren getroffen. Lehnen Sie sich jetzt einmal zurück und lesen Sie dieses ganz kurze Kapitel über die innere Belehrung nochmals durch. Dann schließen Sie Ihre Augen und lassen diese Sätze auf sich wirken. Was Sie nun gefühlt haben, schreiben Sie (natürlich nur wenn Sie Lust haben) auf.

Arbeiten Sie so hie und da mit Ihrem Gefühl zusammen. Kommunizieren Sie mit ihm. Zeigen Sie ihm, daß es auch einen Stellenwert in Ihrem Leben hat.

Die Intuition oder innere Belehrung gibt Ihnen sehr oft die Antworten auf Ihre Fragen, die Sie im Außen suchen.

Meine  **ganz persönlichen Notizen:**

Der Glaube

GLAUBE GIBT KRAFT

Für mich ist es notwendig, daß ich an etwas glauben kann, was mir Kraft, Vertrauen und Hoffnung gibt, wo ich all diese Eigenschaften tanken kann. Der Glaube an Gott hat in meinem Leben einen sehr hohen Stellenwert.

Wer sich mit dem Wort Gott schwer tut, der kann auch sagen „das höhere Wesen" oder „die höhere Macht".

Glauben heißt für mich aber auch, an andere Menschen zu glauben. Ihnen zu vertrauen. Dies ist für mich eine Grundvoraussetzung, damit zwischenmenschliche Beziehungen, egal ob in der Firma oder im Privatleben, überhaupt zustande kommen können. Dies ist eine sehr wichtige Basis.

Sehr entscheidend ist für mich jedoch, daß jeder einzelne Mensch an sich selbst glauben kann. Wie soll ich an andere glauben, wenn ich nicht einmal an mich selbst glaube?

Wenn Sie den Glauben an sich selbst verloren haben, so können Sie ihn nur schrittweise wieder zurückgewinnen. So rasch oft etwas im Leben zerstört wurde, so langsam ist sein Wiederaufbau. Viele Menschen nehmen solch eine Aussage nun zum Anlaß, um mit dem „Wiederaufbau" gar nie zu beginnen.

Es ist wichtig, an eine höhere Macht, an ein höheres Wesen, an ein höheres Selbst zu glauben.

Meine  **ganz persönlichen Notizen:**

Was ist die Wahrheit

Die Wahrheit ist oft sehr subjektiv. Jeder meint, er habe recht und er habe die Wahrheit gefunden. Anhand von drei Beispielen möchte ich Sie darauf sensibilisieren, daß Sie mit Äußerungen wie „der andere hat unrecht“ oder „ das, was ich gesagt habe, ist die Wahrheit“ vorsichtiger und gewissenhafter umgehen.

Vier Personen stehen um eine Litfaßsäule, an der vier Plakate angebracht sind. Jede der vier Personen steht vor einem Plakat. Jede kann nur ihr Plakat erkennen. Nun liest Herr Rot sein Plakat und sagt: „Die VEU Feldkirch gewinnt im Eishockey die Europaliga. Die anderen drei schauen sich an, lesen ihr Plakat und sagen: „Der erfindet Dinge, das steht doch gar nicht auf dieser Plakatwand". Nun liest Herr Gelb sein Plakat: „Hier steht, daß der Fußball-Club Kennelbach 1997 eine tolle Frühjahrssaison hat.“ Die anderen drei sagen: „Jetzt hat es ihn erwischt. Der erfindet Dinge. Das ist doch nicht zu fassen.“ Nun kommt Herr Schwarz und er liest sein Plakat laut vor: „Casino Schwarz-Weiß Bregenz konnte sich im Mittelfeld der 2. Österreichischen Bundesliga klassieren.“

Die anderen drei schauen sich an und sagen: „Wenn jemand zu spinnen beginnt, gibt er ein Zeichen, das steht doch wirklich nicht auf dem Plakat." Nun, zu guter Letzt kam noch Herr Grün und er liest von der Litfaßsäule folgenden Text: „Rainer Salzgeber gewinnt 1997/98 zwei Weltcup-Riesentorläufe." Die drei anderen schauen sich an und sagen: „Das schlägt doch dem Faß den Boden aus. Das steht in keiner Silbe auf der Plakatwand. Der will uns für dumm verkaufen."

Nun, ich frage Sie, liebe Leserin und Leser dieses Büchleins: Wer hat jetzt eigentlich recht? Wie, Sie meinen, jeder hat recht? Richtig! Jeder sieht nur sein eigenes Plakat, jeder sieht nur seine eigene Wahrheit. Es kommt bei der Wahrheitssuche sehr oft darauf an, wo ich stehe, von welchem Blickwinkel aus ich etwas betrachte. Gerade diese Fälle lösen beim anderen ein großes, negatives Spannungsfeld aus. Dies sind auch oft genau die Bereiche, wo jeder recht haben will, den anderen als Lügner darstellt und ihn verletzt.

Das nächste Beispiel habe ich in der Türkei erlebt. Im Sommerurlaub 1996 war ich mit zwei befreundeten Familien in einem Club in der Türkei.

An einem Morgen, so gegen 8 Uhr, läutete das Telefon. Meine Frau und ich schauten uns an und sagten: „Das darf doch nicht wahr sein". Ich nahm ab und da war mein Freund

Hans am Telefon. Er sagte, daß er und Ilse jetzt noch nicht frühstücken gingen, sondern sich nochmals umdrehen würden. Ich sagte zu ihm, daß wir das auch machen würden. Als wir uns dann am Strand trafen, sagte ich zu seiner Frau Ilse: „Dein Mann hat mich heute schon um 8.00 Uhr angerufen.“ Sie meinte, daß dies nicht stimme und ich ihn angerufen habe. Sie hätten sich noch gewundert, daß bereits um 8.00 jemand anrufe. Ich dachte zuerst, daß sie mich auf den Arm nehmen wollten. Als mir aber beide bestätigten, daß sie mich nicht angerufen hätten, glaubte ich es ihnen, obwohl ich mir sicher war, daß mein Telefon geläutet hatte. Sie glaubten mir ihrerseits, daß ich sie nicht angerufen habe, obwohl ihr Telefon ebenfalls geläutet hat.

Es gab keine Diskussionen mehr darüber. Wir ließen dieses Thema stehen und kümmerten uns nicht mehr darum, da wir einander glaubten und doch keine Erklärung auf der Hand lag.

Am Nachmittag teilte uns der Reiseleiter mit, daß die Telefonanlage am Vormittag defekt gewesen war.

Dies war dann auch unsere Erklärung, wobei es für uns aber nicht mehr wichtig war, wer denn nun recht hat. Wenn zwei Menschen, die einander nicht glauben, in diesem Fall aufeinander treffen, dann kann es in dieser Situation zu einem großen Gewitter kommen.

Seminarteilnehmer sagten, daß sie das Protokoll des letzten Seminartages dem Personalentwickler geben würden, und dieser es mir dann zukommen lasse.
Beim nächsten Seminarblock fragten mich dann die Seminarteilnehmer, ob mir der Personalentwickler das Protokoll gebracht habe. Ich sagte: „Ob er es mir gebracht hat, kann ich nicht sagen. Ich weiß nur, daß ich es nicht habe." Die Teilnehmer wunderten sich über meine Aussage. Und ich erklärte es ihnen, indem ich nochmals klar darlegte: Faktum ist, daß ich das Protokoll nicht habe. Sie meinten dann daraufhin: „Ja, also ist es doch naheliegend, daß unser Personalentwickler dir das Protokoll nicht gebracht hat."
„Nein, für mich ist das nicht naheliegend", sagte ich.

In einer Pause rief ich den Personalentwickler an, und der Sachverhalt klärte sich auf. Er hatte mir das Protokoll in meinen Postkasten geworfen. Den Postkasten verwenden wir jedoch schon seit längerem nicht mehr. Die Postbotin legt uns die Post immer auf die Stiege, darum schauen wir eigentlich nie in den Briefkasten. Stellen Sie sich nun vor, ich hätte, nur weil es sehr logisch klingt, folgendes zu den Seminarteilnehmern gesagt: „Es tut mir leid. Euer Personalentwickler hat vergessen, mir das Protokoll zu bringen." Diese Aussage wäre völlig unrichtig gewesen. Ich meine nicht, daß wir jedes Wort in Zukunft auf die Goldwaage legen sollen, sondern ich meine, daß wir nur das als Tatsache hinstellen sollen, was auch eine Tatsache ist.

Hinterfragen Sie öfters, ob ein Sachverhalt wirklich der Wahrheit entspricht oder ob es nur aus Ihrem Blickwinkel heraus Ihre Wahrheit ist?

Meine  **ganz persönlichen Notizen:**

Ich bin Ich und stehe dazu (Meine Echtheit)

Ich bin der Überzeugung, daß gerade in den kommenden Jahren die Echtheit eines Menschen vermehrt an Bedeutung gewinnen wird. Es ist wichtig, der zu sein, der ich bin und nicht der zu sein, den ich vorgebe.

Die Schnellebigkeit, die Hektik, der Streß und viele andere Faktoren mehr geben uns in Zukunft nicht mehr die Zeit zu überlegen, wer wir sind.
Viele Menschen überprüfen zuerst, wo sie sind, mit wem sie sind, und geben sich dann je nach Situation.

Ich liebe Clowns, egal ob in Bildern, Büchern oder Plastiken. Ich kann es allerdings nicht akzeptieren, wenn Menschen keine Echtheit besitzen und ständig in eine neue Clownrolle schlüpfen.

In meinen Referaten sind verschiedene Menschen oft zu Beginn leicht entsetzt, wenn ich folgende Aussage treffe:

„Die Echtheit wird in Zukunft mitentscheiden, ob jemand in seinem Leben Erfolg hat oder nicht. Wer ständig in eine neue Rolle schlüpft und so tut, als ob er dies sei, der wird es in seinem Leben schwer haben, denn auf einmal weiß er selbst nicht mehr, wer er ist.

Mir ist z.B. eine Führungskraft lieber, die hie und da auf den Tisch klopft, weil sie eben so ein Typ ist und sich nicht verstellt, die aber an sich zu arbeiten beginnt. Weniger positiv sehe ich Führungskraft, die ständig in eine neue

SPIEGLEIN, SPIEGLEIN AN DER WAND ....

Maske schlüpfen. Der Mitarbeiter muß nun jedesmal zuerst erraten, in welcher Maske sein Vorgesetzter heute steckt.

Ich kenne Menschen, die einfach das sein müßten, was sie sind. Nicht mehr und nicht weniger. Sie werden, so wie sie sind, vom Umfeld geschätzt und anerkannt. Sie selbst sind jedoch mit dem, was sie sind, nicht zufrieden, so geben sie mehr vor, als sie sind und sie ecken ständig und überall an. Sie treten so unter dem Motto „Mehr Schein als Sein" auf.

Es gibt auf der Welt einen Menschen, der Sie gut kennt. Jetzt werden Sie sich fragen, woher ich mir das Recht nehme, das zu sagen, obwohl ich Sie vielleicht gar nicht kenne. Ich wiederhole nochmals:

Es gibt auf der Welt einen Menschen, der Sie gut kennt. Und das sind Sie selbst.

Wir Menschen müssen nur hie und da den Mut haben, in einen Spiegel zu sehen und uns selbst genau zu betrachten. Und der Spiegel sagt uns schon, wie wir wirklich sind.

In meinen Seminaren verwende ich einen sogenannten Lachspiegel. Dieser Spiegel beginnt zu lachen, wenn jemand hineinschaut. Stellen Sie sich jetzt folgende Situation vor.

Sie schauen in Ihren Spiegel und dieser sagt Ihnen, daß Sie gar nicht so tolerant sind, wie Sie ständig meinen. Weiters teilt er Ihnen mit, daß Sie meistens nur so tun, als ob Sie andere Meinungen interessieren und Sie eigentlich schon wissen , wie Sie dieses Problem lösen. Weiters sagt er Ihnen, daß Sie in Ihrem Leben oft den Weg des geringsten Widerstandes gehen, um Problemen so oft wie möglich aus dem Wege zu gehen. So unter dem Motto: „Dem Frieden zuliebe". Dies mache ich, obwohl ich weiß, daß die wenigsten Probleme sich von alleine lösen. Dies mache ich, weil ich eigentlich sehr feige bin. All dies sagt mir der Spiegel und nun beginnt er noch zu lachen. Ich verstehe den Spiegel, der zu lachen beginnt. Warum kann ich nicht dazu stehen, daß ich den Mut nicht habe, an Probleme heranzugehen. Die größte Angst ist meistens die Angst vor der Angst.

Das Motto „Der sein, der ich bin“ hilft mir in vielen Situationen. Ich muß nicht überlegen, wie ich einem Menschen gegenübertrete. Ich muß mich nicht verstellen.
Diejenigen Menschen, die meinen, daß sie mehr sind, als sie sind, können leicht irgendwann einen Absturz erleiden.

Ich habe vor ca. drei Jahren eine Geschichte in die Hände bekommen, die mich fasziniert hat und eigentlich das vorhin Gesagte auf eine andere Art und Weise genau auf den Punkt trifft.

Über den Vergleich und die Selbstakzeptanz

Eines Tages ging ein König in seinen Garten und fand dort viele verwelkte und sterbende Bäume, Sträucher und Blumen vor. Besorgt fragte er jede einzelne Pflanze nach der Ursache ihres Dahinsiechens.
Die Eiche sagte, sie stürbe, weil sie nicht so groß wie eine Tanne sein könne. Die Tanne war traurig, weil sie keine Trauben wie der Weinstock tragen könne, und der Rebstock lag in den letzten Zügen, weil er nicht blühen könne wie die Rose.
Nur eine Pflanze war im Garten, die blühte und wuchs wie immer. Auf die entsprechende Frage des Königs sagte sie:
„Für mich war klar, daß du ein Stiefmütterchen haben wolltest, als du mich einpflanzen ließest. Und weil ich ohnehin nichts anderes sein kann als das, was ich bin, versuche ich genau das zu sein, was ich bin.

Viele Menschen haben mir in Gesprächen schon berichtet, daß sie es nicht verstehen können, warum dieser oder jener Mensch als Hilfsarbeiter an einem Fließband arbeitet. Oder sie sagten, daß sie es nicht verstehen können, daß diese oder jene Person mit ihren Fähigkeiten in der Produktion steht und eine minderwertige Arbeit macht, wo sie doch für wichtigeres geschaffen wäre.

Erstens bin ich der Überzeugung daß es nur wichtige Arbeiten gibt. Zu diesem Thema komme ich jedoch im nächsten Kapitel.
Und zweitens müssen wir Menschen lernen, daß wir nicht alle gleich sind und nicht dieselben Vorstellungen, Wünsche und Gedanken haben.
Wieso gehen wir davon aus, daß Fließbandarbeit niemandem gefallen kann?

Sei einfach der, der du bist. Die Echtheit eines Menschen wird in Zukunft vermehrt an Bedeutung gewinnen.

Meine  **ganz persönlichen Notizen:**

Wichtige Tätigkeiten

Wie vorhin bereits erwähnt, gibt es für mich nur wichtige Tätigkeiten und keine besseren und keine schlechteren, keine wichtigeren und unwichtigeren.
Ich bringe Ihnen wiederum einige Beispiele aus der Praxis: Oft höre ich, daß Verkaufen der wichtigste Job in einem Unternehmen darstellt.
Zugegeben, es ist ein sehr wichtiger Job. Ohne daß der Verkäufer Aufträge bringt, kann die Firma nicht existieren.
Oft höre ich, daß LKW-Fahrer ein eher
unwichtiger Job sei. Diese Meinung kann ich nicht teilen.

Ein LKW-Fahrer mußte in einer Firma etwas zustellen. Der Lagermitarbeiter der anderen Firma sagte dem LKW-Fahrer, er solle die Ware bitte nach hinten transportieren. Dieser gab ihm zur Antwort: „Das ist nicht meine Aufgabe, das kannst du doch erledigen, was hast du schon sonst zu tun." Dies passierte einige Male. Nun ging diese Information bis zur Geschäftsleitung.
Das Pech für die Lieferfirma war, daß auch eine zweite Lieferfirma das Unternehmen mit demselben Produkt in der selben Zeit und zum selben Preis belieferte. Nur einen entscheidenden Vorteil hatte das zweite Unternehmen: Der Fahrer war sehr hilfsbereit. Die Geschäftsbeziehungen zu der ersten Firma wurden abgebrochen.

Sagen Sie jetzt immer noch, daß ein LKW-Fahrer einen unwichtigen Job hat? Wenn die Telefonistin einer Firma öfters vergißt, Nachrichten auszurichten, dann kann das gewaltige Konsequenzen haben.

Die Firma Schwarz bezieht Waren von der Firma Gelb. Auch die Firma Rot bezieht von der Firma Gelb die Waren. Irrtümlicherweise erhält nun die Firma Schwarz einmal eine Rechnung, die für die Firma Rot bestimmt war. Zu ihrem Entsetzen mußten die Verantwortlichen feststellen, daß die Firma Rot, die um 7% besseren Konditionen hat, während ihnen selbst ständig zugesichert wurde, daß dies der

Höchstsatz sei. Dies löste einen unheimlichen Konflikt aus. Auch der Job in der Fakturierung ist ein sehr wichtiger, wie Sie jetzt selbst lesen konnten.

Es gibt nicht wichtigere und unwichtigere Jobs; es gibt nur diesen und jenen Job.

Meine  **ganz persönlichen Notizen:**

TUN (Es gibt kein Versuchen)

Im Jahre 1995 hieß bei mir jedes Seminar, egal zu welchem Thema und in welcher Firma, TUN. Ich machte die Feststellung, daß einfach zuviel diskutiert und philosophiert wird, bis etwas getan wird.

Ich habe auch eine Reihe von Menschen kennengelernt, die von sich überzeugt sind, dieses TUN zu leben. Nach genauerer Betrachtung mußte ich für mich die Feststellung machen, daß sie dieses TUN zwar zum Teil leben, aber sich selbst in einem anderen Punkt anlügen.

Einer sagte zum Beispiel:
„OK, ich sehe es ein, daß ich pünktlicher werden muß. Ich sehe auch ein, daß ihr von mir Beweise sehen wollt, daß ich es auch mache. Also machen wir folgendes aus. Ich werde ab Montag versuchen, pünktlicher zu sein".

Dieses Versuchen ist schon wieder ein Schlupfloch für uns und verpflichtet uns eigentlich wiederum zu nichts. Denn sollte ich es nicht schaffen, so kann ich dann ja wenigstens mit erhobenem Haupt sagen: OK, ich habe es nicht geschafft, aber jeder hat gesehen, daß ich es versucht habe und daß der Wille und die Bereitschaft meinerseits gegeben waren."

Die Überlegung, warum verschiedene Menschen das Wort versuchen oft verwenden, ist die, daß sie sich nicht sicher sind, ob sie es auch schaffen werden. Denen gebe ich insoweit recht, daß niemand im vorhinein 100%ig sagen kann, ob er es schafft. Ich halte dem jedoch entgegen, daß sich die Chance, mein Ziel zu erreichen, von vornherein verschlechtert, wenn ich mir gleich zu Beginn ein Schlupfloch offen lasse. Ich habe mir selbst den größeren Druck auferlegt, wenn ich sage:

„Ab Montag bin ich pünktlich." Oft ist dies einfach eine Frage der inneren Einstellung, des Wollens und wie es mir gelingt, den „inneren Schweinehund" zu überwinden.

Es gibt kein Versuchen. Tue es oder tue es nicht!

Meine  **ganz persönlichen Notizen:**

Ich und meine Ehrlichkeit

Wenn ich heute in Referaten, Vorträgen oder Seminaren vermehrt auf die Ehrlichkeit hinweise, dann habe ich oft das Gefühl, daß verschiedene Leute meinen, ich sei nicht ganz „klar im Kopf". Dann kommen so Äußerungen wie: „Über die Ehrlichkeit müssen wir nicht reden, das ist doch eine Grundvoraussetzung" oder „Über die Ehrlichkeit zu reden würde bedeuten, daß wir Eulen nach Athen tragen".

Ich rede trotzdem darüber und weise vermehrt wieder darauf hin. Es ist nämlich ein großer Unterschied, ob ich das von mir nur glaube oder ob ich wirklich ehrlich bin.
Der einzige, der dies weiß, ist wiederum unser Spiegel; dieser Spiegel, in den die Menschen nicht gerne hineinschauen, da sie oft Dinge sehen und hören, die ihnen unangenehm sind.

Ehrlichkeit anderen Menschen gegenüber ist für mich eine Sache, die Ehrlichkeit mir selbst gegenüber ist die andere. In einem Seminar habe ich das Wort Ehrlichkeit groß auf ein Flip-Chartblatt geschrieben und dieses dann an die Wand gehängt.

Ich habe den Seminarteilnehmern gesagt, daß wir im Laufe dieses 2-Tagestrainings ständig auf dieses Wort stoßen würden. Tatsächlich kam es so. 23x konnte ich während dieser 2 Tage auf dieses Flipp-Chart zeigen, da dieses Wort entweder in einem Vortrag meinerseits oder in einer Frage der Seminarteilnehmer, in einer Gruppenarbeit oder in einem Rollenspiel vorkam.

Sie können jetzt sagen, ich sei ein Träumer und jeder Mensch sei doch ehrlich. Die Realität lehrt mich etwas anderes. Vor allem die Ehrlichkeit zu sich selbst vermisse ich sehr oft. Ich erinnere nur an das Kapitel 12, bei dem es um die Echtheit ging.
Meine Einstellung zu meinem Leben und zu Ehrlichkeit ist die, daß ich mich lieber einmal mit dem, was ich sage, blamiere und bei der Ehrlichkeit bleibe, anstatt etwas zu erfinden und in zwei Jahren dieselbe Geschichte anders zu erzählen.

Der wichtigste Punkt bei der Ehrlichkeit ist, daß ich weiß, daß ich ehrlich bin und das ist für mich viel wichtiger, als wenn es die ganze übrige Welt weiß.
Ich bin sicher, daß ich mich auf mich verlassen kann.

Ich habe die Erfahrung gemacht, daß viele Menschen schon nicht mehr wissen, was Ehrlichkeit ist. Dies fängt für mich im kleinen an und gerade dort ist es wichtig, daß Dinge nicht einfach durchgelassen werden.

In diesem Bereich sehe ich eine große Aufgabe für Eltern, die Kinder in puncto Ehrlichkeit auf das Leben vorzubereiten. Hier bin ich vielleicht sehr sensibel, oft zu sensibel. Ich kenne Eltern, die dem Kind sagen: „Heute kaufen wir keine Karte für dich, du gehst einfach beim Schilift immer auf der rechten Seite und dort kontrolliert man die Karten sowieso nicht.“ Das Kind macht das, weil es seine Eltern gesagt haben und somit sicherlich nichts Schlechtes sein kann.

Nun münzen wir das auf ein anderes Beispiel um:
Das Kind ist in einem Lebensmittelgeschäft, nimmt etwas mit, geht ganz rechts bei der Kassa vorbei, schmuggelt sich durch und will ohne zu zahlen gehen. Das Kind wird erwischt und die Eltern werden verständigt. Nun gibt es für das Kind eine Standpauke. Ich persönlich glaube, daß die Standpauke vor allem die Eltern bekommen müßten. Nun können Sie, lieber Leser, sagen, das sei doch nicht genau dasselbe. Genau dasselbe ist es nicht, jedoch habe ich in beiden Fällen eine Leistung bzw. Ware bekommen, ohne bezahlt zu haben.
Ich habe den Auftrag erhalten, eine Sekretärin einzustellen. Ein Anforderungsprofil wurde erstellt und hier war beinhaltet, daß sie mindestens 30 Jahre alt sein sollte. Ein Mädchen von 27 Jahren bewarb sich . Ich sprach mit ihr, überprüfte ihre Bewerbung und kam zum Entschluß, daß sie aus mehreren Gründen nicht die Richtige für uns war. Ich rief sie an, sagte ihr ab. Ich teilte ihr auch mit, daß es dafür mehrere Gründe gegeben habe und nicht ihr Alter ausschlaggebend gewesen sei. Am einfachsten für mich wäre es gewesen, ihr zu schreiben und sie darauf hinzuweisen, daß sie mit ihren 27 Jahren wegen des Alters nicht in Frage komme.

Die anderen Bewerberinnen, die sich gemeldet hatten, erfüllten unsere Anforderungen ebenfalls nicht, und so überlegten wir uns nochmals eine Ausschreibungsvariante mit einer jüngeren Sekretärin. Wir schalteten das Inserat nochmals, aber diesmal ohne Altersangabe.
Bereits am Tag darauf erhielten wir den Anruf der bereits abgewiesenen 27jährigen Bewerberin. Sie sagte, wir hätten doch dieses Mal das Alter herausgelassen und fragte, ob sie somit doch in Frage kommen würde. Ich sagte zu ihr folgendes:

„Ich habe Sie doch letzte Woche angerufen und Ihnen abgesagt. Erinnern Sie sich noch, wie ich meine Absage begründet habe?“ Sie sagte, es sei ihr klar und ich hätte ja damals dazugesagt, daß ihr nicht aufgrund ihres geringen Alters die Absage erteilt worden war.

Setzen Sie sich nun einmal in den Stuhl einer Bewerberin, der abgesagt wird, weil sie erst 27 Jahre alt ist anstatt 30. Nächste Woche lesen Sie dasselbe Inserat ohne Altersangabe. Nun nehmen Sie den Absagebrief nochmals zur Hand und da steht doch wirklich:

„Leider haben wir uns für eine andere Bewerberin entschieden, da Sie das von uns geforderte Alter noch nicht erreicht haben.“

Vermutlich sind Sie dann verärgert. Denn erstens wissen Sie jetzt, daß sich die Firma noch für überhaupt niemanden entschieden hat und zweitens wissen Sie, daß es nicht am Alter scheitern konnte. Ich frage Sie, wo bleibt hier die Ehrlichkeit?

Ehrlichkeit zu sich selbst und zu anderen ist ein wichtiges Fundament des Lebens.

Meine  **ganz persönlichen Notizen:**

Kleinigkeiten mit großer Wirkung

Auf verschiedenen Ebenen möchte ich in dem Kapitel aufzeigen, wie Kleinigkeiten eine große Wirkung haben.

1. „Kleine Abmachungen", die ich nicht einhalte.

2. „Kleine Dinge", die noch nicht erledigt sind.

3. „Kleine Mosaike", die ich ständig schlucke.

4. „Kleine Freuden", die ich hie und da bereite.

5. „Kleine Schritte", die ich in meiner persönlichen Entwicklung mache.

16.1. „Kleine Abmachungen", die ich nicht einhalte.

Wie ich eingangs schon erwähnt habe, sind es sehr oft die kleinen Dinge, die uns einerseits belasten, aber andererseits auch sehr freuen können. Oft registrieren wir gar nicht, daß wir etwas nicht einhalten, und dennoch belastet es uns, wenn es uns wieder einfällt.

Die Familie Müller aus Vorarlberg lernt in der Karibik die Familie Mayer aus Hamburg kennen. Am Schluß des Urlaubes verabschiedet sich die Familie Müller mit folgenden Worten: „ Es war ein schöner Urlaub und es hat uns gefreut, daß wir euch kennengelernt haben. Wie versprochen, werden wir euch im Herbst dieses Jahres in Hamburg besuchen kommen, die Adresse haben wir ja."

Beim Rückflug im Flugzeug sagt Frau Müller zu ihrem Mann: „Also die Mayers waren wirklich nette Leute." Daraufhin antwortete Herr Müller: „Ja, das waren sie, doch besuchen werden wir sie nie. Bis nach Hamburg fahren, um jemand zu besuchen, das ist doch Irrsinn."

Warum verspricht man jemandem also überhaupt, daß man ihn besuchen kommt? Man schreibt sich vielleicht einigemale und spricht dabei ständig den Besuch an. Wie reagiert man dann darauf? Wenn dies ein Einzelfall ist, wird es noch „verkraftbar" sein. Die Frage, die sich mir stellt, ist: Was passiert, wenn ich täglich laufend Versprechungen abgebe?

- Den Mayers verspreche ich, sie zu besuchen.
- Mit meiner Tochter mache ich aus, daß wir noch in dieser Woche baden gehen.
- Meinem Freund verspreche ich, daß wir diese Woche am Abend in einen Biergarten gehen.
- Meinem Patenkind verspreche ich, daß wir diese Woche noch mit dem Boot hinausfahren.
- Einem Kollegen verspreche ich noch, daß ich ihn diese Woche anrufe und ihm sage, wie das Hotel in der Karibik geheißen hat.
- Weitere 15 Dinge verspreche ich diese Woche noch.

Leider reicht dann meistens die Zeit gerade, um zwei dieser Versprechungen zu erfüllen.

Hier wäre angesagt, nur solche Versprechungen zu machen, die ich auch einhalten kann, denn sonst bekomme ich erstens im Laufe der Zeit eine schlechte Meinung von mir, und zweitens bilden sich auch andere eine schlechte Meinung über mich.

Zudem habe ich die Erfahrung gemacht, daß ich von Leuten höre: „Wir würden gerne die und die besuchen gehen, jedoch sind 89 km zum Fahren doch sehr weit." Ich behaupte, dies ist nur eine Frage des Wollens.

Vor einigen Jahren im Urlaub in der Karibik habe ich Egon, einen jungen, sympathischen Burschen aus Niederösterreich kennengelernt. Zwischenzeitlich haben wir uns gegen-

seitig schon einigemale besucht. Die Entfernung von 650 km ist doch nichts. In gut 6 Stunden Fahrzeit ist das Ziel erreicht. Hier gilt für mich einzig und alleine die Frage: Will ich ihn besuchen oder nicht?
Es ist für mich auch keine Frage der Zeit, sondern lediglich eine Frage der Priorität.

16.2. „Kleine Dinge", die noch nicht erledigt sind.

Es gibt hie und da „Dinge", die ich anfange, jedoch nicht zu Ende führe. Oft höre ich von anderen Leuten, denen es ähnlich geht, daß sie das nicht belastet.
Ich habe jedoch sehr oft das Gegenteil gespürt.
Jemand sagte: „Die Fotos liegen auch schon zwei Jahre umher" und der andere sagte: „Bei mir ist es leider auch so, und immer wieder nehme ich es mir vor. Jetzt muß ich es wirklich einmal angehen."

Faktum ist: Diese unerledigte Arbeit ist im Hirn gespeichert. Faktum ist auch: Wenn jemand von Fotos einkleben spricht, dann fällt mir auch ein, daß ich meine eigenen Fotos ebenfalls noch nicht eingeklebt habe.

In meinem Leben ist es wichtig, daß ich so viele negative Mosaike wie möglich beseitigen kann, damit ich Energie für neue, positive Dinge habe. Viele negative Mosaike brauchen viel Kraft, und da ich nur eine gewisse Kraft in meinem Leben zur Verfügung habe, blockiere ich mich selbst.

Meine Seminarteilnehmer lade ich ein, sich eine Liste zu machen, auf der sie eintragen, bis wann sie welche Dinge erledigen möchten. Die längste Liste, die ich dabei gesehen habe, war zwei A4 Blätter groß und von oben bis unten vollgeschrieben.

Wenn Sie nun sagen, daß Sie auch beginnen möchten, kleine Mosaike abzubauen, und es wirklich ehrlich mit sich selbst meinen, so erstellen Sie sich eine Liste. Wichtig ist hierbei, daß sie sich realistische Erledigungsziele setzen, und fast noch wichtiger ist, daß Sie sich auch kontrollieren. Wer in diesem Bereich dazu neigt, sich selbst zu betrügen, der läßt sich von seiner Frau oder von einem Freund kontrollieren. Sie wissen ja, nur das TUN zählt.

Meine ganz persönliche Erledigungsliste

erl. bis	Sache	mit wem	erl. am und Paraphe
15. 8.96	Fotos einkleben	alleine	
30.8.96	CD's sortieren	meiner Tochter	
30.8.96	Essen gehen	Fritz	
30.8.96	Essen gehen	Franz	
30.8.96	Essen gehen	Hubert	
30.8.96	Bootsausfahrt	Patenkind	
15. 9.96	Keller räumen	Frau	
15. 9.96	Dachboden – Holz verräumen	Frau	

Wichtig in diesem Zusammenhang ist, noch bevor ich etwas verspreche und abmache (auch wenn es meiner Meinung nach noch so eine Kleinigkeit ist), zu überlegen:

Will ich das versprechen?
Kann ich mein Versprechen einhalten?

Sie sollten nie außer Acht lassen, daß manche Dinge für Sie ganz persönlich zwar eine Kleinigkeit darstellen, für andere aber eine große Sache sein können. Sehen Sie das auch einmal aus dem Blickwinkel des anderen heraus.

Für Sie ist es vielleicht eine Kleinigkeit, mit ihrer Tochter zu spielen, für die Tochter ist es vielleicht eine große Sache, wenn der Papa oder die Mama mit ihr spielt. Sollte dieses Spielen nicht zustande kommen, so ist das für den Papa oder die Mama halb so schlimm, weil es für sie ja nur eine Kleinigkeit war, aber für die Tochter bricht fast eine Welt zusammen, weil es für sie eben eine große Sache war.
Für Sie als Führungskraft ist z.B. nicht viel dahinter, wenn Sie einen Gesprächstermin mit einem Mitarbeiter verschieben müssen, für den Mitarbeiter wäre es aber sehr, sehr wichtig gewesen.

Durch solche Fehleinschätzungen können Beziehungen gestört werden.

In diesem Zusammenhang möchte ich Ihnen noch eine kleine Geschichte erzählen, die mir zum Thema TUN passiert ist.

Bereits seit mehreren Jahren arbeite ich jedes Jahr drei Tage mit einer Verkaufsmannschaft im Bereich der Teamentwicklung. Am letzten Vormittag besprachen wir noch Dinge, die in der Abteilung veränderungswürdig sind. Unter anderem kam zur Sprache, daß das Klingeln des Telefons bei den Besprechungen immer stört. Wieviel Wert ich auf dieses TUN lege, können Sie aus den folgenden Gesprächsaufzeichnungen ersehen:

Reinhard: Also, was ganz genau können wir tun, damit ihr durch das Telefon in Zukunft nicht mehr gestört werdet?

A: OK, es ist wirklich sehr störend. Wir nehmen es einfach nicht mehr ab.

Reinhard: Das hatten wir doch vor zwei Jahren auch schon ausgemacht und es hat nicht funktioniert. Ich möchte gar nicht mehr lange darüber reden, sondern ich suche mit euch zusammen nach einer neuen Möglichkeit.

B: Wir könnten den Stecker herausziehen

C: Gute Idee. Können wir jetzt weitermachen?

Reinhard: Nein, wir wissen noch nicht, wer den Stecker zieht.

C: Das werden wir schon regeln, wir sind doch alles erwachsene Menschen und stehen alle in sehr verantwortungsbewußten Positionen.

Reinhard: Ich hätte ein gutes Gefühl, wenn wir das vom Tisch hätten, wenn wir auseinandergehen. Wir hätten dann nicht nur von etwas gesprochen, sondern es so fixiert, daß wir uns bei der Umsetzung nur genau an den Vorgehensplan richten müssen.

C: OK.

Reinhard: Wer zieht also den Stecker?

Nun meldet sich Walter freiwillig. Die Teilnehmer wollten anschließend zum nächsten Punkt kommen. Ich blockte und wollte zuerst noch wissen, wer denn den Stecker zum Schluß wieder in die Telefonbuchse steckt. Danach glaubten die Teilnehmer, daß das Seminar weitergehen könnte. Weit gefehlt. Ich wollte zuerst wissen, wer denn für das Ausstecken des Telefons zuständig sei, wenn der eine Mitarbeiter aus irgendwelchen Gründen ausfällt. Danach ließ ich diesen Punkt protokollieren und bat alle, daß dieser Punkt in der nächsten Teambesprechung behandelt werden soll.

Ich habe die Teammitglieder gut verstanden. Es ist fast lächerlich, daß ich mit Menschen im mittleren Management solch eine „Stecker-Aktion" von A-Z durchbesprechen muß. Nun Faktum ist auch etwas anderes. Seit drei Jahren bereits sprechen die Teilnehmer öfters über dieses Thema. Und es war nie vom Tisch.

Monate nach dem Seminar sprach ich mit drei Leuten aus dem Team und fragte sie, wie die Umsetzung unserer gemeinsamen „Stecker-Aktion" laufe. Sie sagten, daß es funktioniere. Und das – und nur das – ist doch das Entscheidende in diesem Fall.

Erinnern Sie sich noch an mein Vorwort? Dort habe ich etwas von 3500 Rezepten erzählt.

16. 3. „ Kleine Mosaike", die ich ständig schlucke.

Kennen Sie auch Menschen, oder sind Sie selber so ein Mensch, der hie und da den Ausspruch tätigt: „Wegen dieser Kleinigkeit rege ich mich nicht auf." Und komischerweise regt genau diese Kleinigkeit Sie ständig auf. Auch hier heißt es wieder ganz klar, zuerst auf folgende Dinge Rücksicht zu nehmen:

- Was ganz konkret stört mich ?
- Möchte ich es verändert haben?
- Stört es mich regelmäßig ?
- Habe ich den Mut, an die bevorstehende Veränderung heranzugehen?
- Die Veränderung als Chance und nicht als Problem sehen.
- Kann ich es verändern?
- Acht geben auf meine Ehrlichkeit und mich nicht selbst belügen und betrügen.

Ein kleines negatives Mosaik kann sich sehr schnell zu einem größeren Mosaik entwickeln. Genausogut kann es, wenn es sich noch im Anfangsstadium befindet, entfernt werden. Viele Kleinigkeiten füllen im Laufe der Zeit das"Negativfaß". Und dann wundern wir uns, daß Beziehungen leiden oder daß auf einmal das Faß übergeht. Dann kommen solche Aussagen wie:
„Daß der sich wegen so einer Kleinigkeit so aufregen kann.“ Klar, es war auch nicht die erste, sondern bereits die 356. Kleinigkeit.

Und jetzt ist in diesem Menschen eben kein Platz mehr für irgendwelche anderen negativen Kleinigkeiten. Ich frage Sie nun, was passiert denn jetzt, wenn etwas großes Negatives auf diesen Menschen zukommt?

Baue stetig kleine negative Mosaike ab.

16. 4. Kleine Freuden, die ich hie und da bereite.

Bisher haben wir vor allem von negativen Kleinigkeiten gesprochen. Dasselbe gilt natürlich auch für positive Kleinigkeiten, die eine große Auswirkung haben.

Machen Sie sich selbst und anderen Menschen spontan eine Freude. Beschenken Sie diese. Beschenken heißt für mich vor allem, etwas zu schenken, was ich nicht kaufen kann, oder etwas schenken, was ich normalerweise nicht gerne hergebe.

Was das sein kann, fragen Sie mich? Da ich kein Problemlöser bin, kann ich Ihnen diese Frage nicht beantworten. Ich kann Ihnen jedoch sagen, wie andere Menschen dies angehen.

Sie schenken:

- ihre Zeit ihrem Kind, um mit ihm zu spielen
- ihre Zeit ihrer Frau, um miteinander einkaufen zu gehen
- Mithilfe bei der Hausarbeit
- Mithilfe bei der Gartenarbeit
- Mithilfe bei Dingen, die der Partner nicht gerne macht
- einen gemeinsamen Abend
- gemeinsame Stunden, um zu relaxen.

Hier kommt es nicht auf die Menge oder auf die Größe des Geschenkes an, sondern es kommt wiederum darauf an, daß wir es TUN.

> Wenn Du jemanden sehr liebst,
> so schenke ihm hie und da das,
> was Du normalerweise nicht gibst.
>
> Reinhard Zehetner

16. 5. „Kleine Schritte", die ich in meiner persönlichen Entwicklung mache.

Eine meiner ersten Aussagen in den Seminaren ist, daß die Teilnehmer nur ein bis drei Dinge aus dem Seminar mitnehmen sollen. Sie sollen kleine Schritte machen.
Mir ist es lieber, wenn sie eine konkrete Sache mit aus dem Seminar nehmen und diese umsetzen, anstatt sich 100 Dinge vorzunehmen und eigentlich nichts umzusetzen.
Bei 100 Sachen wissen wir oft gar nicht, wo wir anfangen sollen. Weil wir so unschlüssig sind, beginnen wir dann eben nirgends.

Wenn wir uns ein bis drei Dinge vornehmen, um an uns zu arbeiten, Verhaltensweisen zu verändern, Probleme anzugehen, anderen vermehrt Freude zu machen usw., dann bleibt es übersichtlich.

Wichtig dabei ist, daß ich mir diese Dinge notiere und daß ich mich selbst auch kontrolliere. Diese Kontrolle kann auch ein Partner, Freund usw. vornehmen.

Arbeiten Sie mit kleinen Hilfsmitteln. Diese Hilfsmittel sind oft so klein, daß wir Menschen gar nicht glauben können, daß ihr Einsatz große Wirkung haben kann.
Solche Hilfsmittel können sein:

- Mein Abmachungsblatt (Wurde im ersten Buch „Ich muß bei mir selbst beginnen“ vorgestellt)
- Anker (Gegenstände, die eine bestimmte Bedeutung haben, z.B. ein Stein erinnert mich daran, weniger zu reden und mehr zu handeln.)
- Freunde, die ich als Trainer miteinbinde.
- Menschen, die das können, was ich noch nicht kann. Diese Menschen um Rat fragen, wobei wir niemals einen anderen Menschen kopieren sollen.
- Berichte lesen zu diesem Thema
- Mit Freunden über solche Dinge diskutieren
- Bücher lesen und durcharbeiten, die sich mit diesem Thema auseinandersetzen
- Am Abend einen Rückblick halten: Was habe ich zu diesem Thema gut gemacht und wo sehe ich noch eine Verbesserungschance?
- Aufzeichnungen über meine Entwicklung führen.

Meine  ganz persönlichen Notizen:

Ich und meine neue Motzkultur

Verschiedene werden das Wort „motzen“ kennen, anderen wird es nichts sagen, wieder andere werden im Duden nachschlagen und sie finden folgende Übersetzung: nörgeln, schimpfen, verdrießlich sein, schmollen.

Das Wort „motzen“ heißt für mich, daß ich über etwas schimpfe, was ich zum Beispiel nicht erhalte. Bekomme ich es schließlich doch, will ich es gar nicht mehr. Wichtig ist nur, daß ich „gemotzt“ habe.

Seit ungefähr zwei Jahren präge ich den Namen „Motzkultur". Hier nun einige Beispiele.

In einer Firma hatten wir einen Kurs mit den Vorarbeitern und Meisterstellvertretern. Ich traf mich mit den Seminarteilnehmern. Sie sagten zu mir: „Wir sind das allerletzte in dieser Firma, wir sind die Nasenbohrer, wir sind der Abschaum." Ich fragte, wie sie denn zu dieser Erkenntnis kämen. Sie sagten: „Wenn die anderen Mitarbeiter einen Kurs besuchen, dürfen sie übernachten, nur wir natürlich nicht, aber das haben wir uns bereits vorher gedacht."

Nachdem ich den Wunsch sah, sprach ich mit den Teilnehmern nochmals, da es mir die Firmenverantwortlichen freigelassen haben, das Seminar mit oder ohne Übernachtung zu gestalten. Ich teilte den Teilnehmern mit, daß sie nun auch übernachten könnten. Sie waren total glücklich. Ich eigentlich auch, bis zu dem Zeitpunkt, an dem dann nach dem Seminar von 15 Teilnehmern 8 nach Hause gingen und dort schliefen. Wichtig ist, daß aber zuerst darüber geschimpft wurde. Solche Dinge sehe ich in letzter Zeit vermehrt.

DER KOTZ-MOTZER

In einer Firma sagten die Meister zu mir, daß sie die Meisterbesprechung am Montag nicht gut finden, da dort nur der Produktionsleiter seine Punkte bringe, und er sie dann ganz zum Schluß noch frage, ob sie unter Allfälliges Punkte hätten, die behandelt werden sollten. Ich sagte zu den Meistern folgendes:

„ OK. Ihr gebt Eure Punkte bis Donnerstag Mittag bei der Sekretärin des Produktionsleiters ab. Wichtig ist, daß Ihr die Dauer und die Priorität vermerkt.
Danach hole ich mir die Punkte bei ihr ab und stelle die montagliche Produktionssitzung mit dem Produktionsleiter gemeinsam zusammen."

Die Meister sagten: „Dies ist sehr gut so; dann können auch wir unsere Punkte, die sonst ständig zu kurz kommen, einmal vorbringen."

Als ich nun am Donnerstag Mittag zur Sekretärin des Produktionsleiters ging und die Punkte abholen wollte, sagte sie mir, daß kein einziger Punkt eingegangen sei. Ich sprach mit den einzelnen Meistern und sie teilten mir mit, daß sie diesmal keine Punkte gehabt hätten.

Wichtig war für sie meiner Ansicht nach nur, daß sie darüber schimpfen konnten, daß sie sich nicht einbringen durften. Ab dem Moment, wo sie sich einbringen durften, war es nicht mehr so interessant, da dies ja wieder mit Arbeit verbunden gewesen wäre.

Hie und da erinnert mich diese Motzkultur der Erwachsenen an Kinder, die testen, was sie erreichen können und wo die Grenzen ihrer Eltern sind.

Mit Jammern und Motzen können wir unsere Persönlichkeit nicht weiterentwickeln.

Meine  **ganz persönlichen Notizen:**

Ratschläge und meine Verantwortung

Wir Menschen haben uns angewöhnt, anderen Menschen ständig Ratschläge zu erteilen. Wir sagen ihnen, wie sie dieses oder jenes Problem lösen sollen, wir sagen ihnen, inwiefern sie sich ändern müssen, wir sagen ihnen …

In diesem Zusammenhang stellt sich mir immer wieder aufs neue die Frage: „Welche Verantwortung übernehmen eigentlich die Leute, die Ratschläge erteilen?“ Ich habe oft erlebt, daß sie eigentlich gar keine Verantwortung übernehmen können. Was man diesen Menschen zugute halten muß, ist, daß sie es wenigstens gut gemeint haben.

Nach einem Seminar saßen ein Seminarteilnehmer, seine Chefin und ich noch gemeinsam an einem Tisch. Der Seminarteilnehmer erzählte der Chefin:
„Jetzt habe ich die Nase endgültig voll, jetzt lasse ich mich scheiden.“ Er erzählte einige Beispiele, die vorgefallen waren. Daraufhin sagte seine Chefin zu ihm: „Du hast recht, ich würde mich auch scheiden lassen, aber fragen wir den Reinhard, der ist ja auch Lebens- und Sozialberater, was er dazu meint.“

Ich sagte: „Der Reinhard meint gar nichts dazu.“ Als der Seminarteilnehmer gegangen war und ich mit der Chefin alleine am Tisch saß, meinte diese zu mir:
„Reinhard, warum hast du zu dieser Situation nichts gesagt?“ Ich stellte ihr einige Gegenfragen: „Heiratest du den Mann? Suchst du für seine Frau einen anderen Mann? Suchst du für die beiden Kinder neue Eltern?“

Sie sagte, daß sie dies alles natürlich nicht mache, da es ja sie auch nicht betreffe. Ich fragte sie dann, mit welchem Recht sie folglich dem Mitarbeiter ihre Ratschläge gegeben habe.

Oft ist es so, daß jemand wirklich zwischen zwei Stühlen sitzt, er einen kleinen Strohhalm sucht, der ihn hält. Dieser „gutgemeinte Tip“ der Chefin kann dieser Strohhalm gewesen sein und er kann das Tüpfelchen auf dem „i“ gewesen sein, sodaß sich dieser Mann jetzt wirklich scheiden läßt.

Ich habe die Erfahrung gemacht, daß wir anderen Menschen viel zu oft Ratschläge bei Problemen geben und ihnen Lösungen vorgeben.

RATSCHLAG

Nun werden Sie sich fragen, wie ich es mache. Meine Meinung ist, daß ich dem anderen helfen soll, seine eigene Antwort zu finden, indem ich mit ihm spreche, ihn frage und Dinge hinterfrage.

Diese Aussage von mir darf jetzt natürlich nicht auf die Goldwaage gelegt werden. Wenn mein Freund ein neues Auto kaufen will und er mich um meine Meinung fragt, kann ich diese natürlich auch sagen.

Wichtig erscheint mir jedoch, daß Sie in Zukunft bei Tips und Ratschlägen abwiegen, was dies auslösen kann.

Ich habe mir angewöhnt, unaufgefordert keine Ratschläge zu geben.
Wenn ich der Überzeugung bin, daß jemand etwas falsch macht, sage ich zu ihm:
„Interessiert es Dich, wie ich das machen würde?“ Wenn er diese Frage dann bejaht, bin ich ja aufgefordert, meine Meinung zu sagen.
Hie und da stoße ich auf Menschen, die den ganzen Tag Ratschläge geben.
Sie wissen, wie man dies macht, kennen sich bei jenem auch ganz genau aus und wissen überhaupt alles. Das Problem ist, daß diese Leute sehr oft von dem, was sie sagen, überzeugt sind.

Ratschläge, auch wenn sie gut gemeint sind,
sind oft Schläge!

Meine  **ganz persönlichen Notizen:**

„Dinge“, die ich verändern kann

Ein Seminarteilnehmer kommt zu mir und sagt:

„Ich habe einen Mitarbeiter in meiner Abteilung, der schimpft ständig über Gott und die Welt. Der Arbeitsvorbereitung wirft er vor, daß sie nicht planen können.
Der Qualitätskontrolle wirft er vor, daß sie die Maßstäbe übergenau ansetzt und dies somit zu einer Schikane wird.
Mir als Vorgesetzter wirft er vor, daß ich bei der Überstundeneinteilung einen schlechten Modus habe.“

Nach einem Pausengespräch mit dem Seminarteilnehmer sagte dieser: „Ich weiß jetzt, was ich mache. Ich versuche es.“ Daraufhin sagte ich: „Versuche es nicht, sondern tue es oder tue es nicht.“
Einige Tage später erzählte mir der Seminarteilnehmer, daß er folgendes gemacht habe. Als der betreffende Mitarbeiter wieder über jeden schlecht zu reden begann, stellte er folgende Fragen:

- Wie berechnet man eigentlich die Akkordzeit an der Maschine genau?
- Wie könnte der Modus der Stundeneinteilung verbessert werden?
- Wie groß dürfte, wenn du einer unserer Kunden wärst, die Abweichung der Maße aus deiner Sicht sein?

Nachdem der Mitarbeiter auf keine dieser Fragen eine Antwort gewußt hatte, sagte der Seminarteilnehmer zu ihm folgendes:

„Ich rede mit Dir gerne über Verbesserungen. Wenn du dich jedoch nur über andere aufregst und selbst keine bessere Lösung parat hast, ist mir meine Zeit eigentlich zu schade, um mit dir darüber zu diskutieren."

Tue und mache selbst, was möglich ist,
aber sage mir nicht, was nicht geht.

Meine  **ganz persönlichen Notizen:**

„Dinge" stehen lassen

Viele Menschen können Dinge nicht einfach im Raum stehen lassen. Oft kommt man zu einem Punkt, wo man in der Diskussion, in der Problemlösung nicht weiterkommt. Anstatt nun dies einfach stehen zu lassen, wenn es kein Ergebnis gibt oder wenn Fakten fehlen, meinen wir sehr oft, daß wir dies hier und jetzt zu Ende bringen müssen.

Vor kurzem hatte ich so einen Fall. Da konnten wir keine Entscheidung treffen, weil uns Fakten gefehlt haben. Ich brach die Diskussion ab und sagte, daß wir erst dann weitermachen, wenn wir die Fakten, die wir für die Entscheidung brauchen, vorliegen haben. Dies löste bei einem anderen Teilnehmer eine riesige Diskussion aus.

„Ich finde das unsinnig. Wenn wir jetzt zusammensitzen und alle von uns sowieso Terminprobleme haben, schlage ich vor, einfach die drei Möglichkeiten, die es gibt, durchzuspielen."

Meine Antwort war: „Nein, wir diskutieren nicht über Dinge, die zu guter Letzt dann auf einmal ganz anders sind. Wenn bei einer Problemlösung schon das Fundament nicht stimmt, wie soll denn ein guter Bau herauskommen.

Das einzige, woüber wir uns jetzt noch unterhalten müssen, ist, wie wir in Zukunft sicherstellen können, daß wir alle Unterlagen und Daten, die wir benötigen, zur Verfügung haben. Wir sollten auch klären, wer bis wann die fehlenden Unterlagen besorgt."

Dieses Thema darf und muß dann abgehandelt sein und es darf nicht passieren, daß beim nächsten Zusammentreffen nochmals untersucht wird, wieso dies letztes Mal passieren konnte.

Sehr viele Menschen schwelgen ständig in der Vergangenheit und betreiben Ursachenforschung. Ich bin auch dafür, daß wir aus Fehlern lernen sollen und sie kurz analysieren müssen. Doch es darf nicht soweit gehen, daß ich mir aus dieser Fehleranalyse mein 100%iges Patentrezept für die Zukunft aufstelle.
Dies würde vermutlich dann funktionieren, wenn das Leben wie eine Autobahn wäre, wo wir auf breiten Straßen fahren – mit Leitplanken auf beiden Seiten – und aus einer Karte alles ersehen können, was auf uns zukommt.
Nein, das ist nicht unser Leben. Unser Leben ist eher wie eine Straße mit vielen Hindernissen, mit vielen Überraschungen. Einmal geteert, einmal mit Schotter und einmal gepflastert. Ganz genau weiß ich nie, was hinter der nächsten Kurve auf mich zukommt.

DER REST DEINES LEBENS BEGINNT JETZT!

In einem der ersten Kapitel habe ich erwähnt, daß alles, was gewesen ist, schon alt und vorbei ist. Das heißt auch, daß genau dasselbe nicht mehr kommen wird.

Wir können noch so lange nach Erklärungen suchen, Faktum ist einfach, daß dies jetzt so ist. Faktum ist auch, daß heute der Rest Ihres Lebens beginnt.
Nützen Sie die Zeit und tauchen Sie nicht ständig in alte Gewässer ein.

Auch wenn dieser Spruch, daß heute der Rest Ihres Lebens beginnt, auf das erste etwas hart klingen mag, so trifft er für mich sicherlich zu.

Wenn heute eine Beziehung in Brüche geht, so soll ich das schon kurz analysieren, danach jedoch die Feststellung treffen, daß dies jetzt so ist und heute der Rest meines Lebens beginnt. Alles, was war, ist alt, und ich kann 357 Jahre darüber nachdenken, Konzepte, Strategien und Ursachenforschung machen, es kommt trotzdem nicht wieder. Ich kann die Zeit nicht zurückdrehen.

Mit aller mir zur Verfügung stehenden Energie und Kraft blicke ich in die Zukunft und gestalte mir mein Leben.
Von jetzt ab. Und wichtig dabei ist, daß Sie jedem Tag die Chance geben, Ihr schönster Tag zu werden.

Setzen Sie all Ihre Kraft dafür ein, den Rest Ihres Lebens zu gestalten.

Betreiben Sie nicht ständig Ursachenforschung.
Eine große menschliche Stärke ist es, „Dinge“ stehen zu lassen.

Meine  **ganz persönlichen Notizen:**

Loslassen und Verzeihen

Das Leben ist wie ein Fluß. Alles Leben fließt. Das Gegenteil des Fließens ist das Festhalten. Wer in seinem Leben ständig nur festhält, widersetzt sich dem Leben. Loslassen heißt auch Platz haben für Neues, für neue Kraft, neue Energie, neue Ideen, neuen Tatendrang und vieles andere mehr.

Loslassenkönnen ist ein Prozeß, der unbedingt notwendig ist, um seine Ziele zu verwirklichen und das Leben zu leben.

Fangen wir einmal mit den kleinsten Sachen in Bezug auf Loslassen an:

Wir räumen unseren Kleiderschrank. Hier fallen doch oft folgende Sätze:
„Nein, diese Hemden gebe ich nicht weg, wer weiß, wann ich sie wieder brauchen kann. Die alten Hosen sind doch für verschiedene Anlässe noch mehr als gut genug." Diese Aussagen könnten x-beliebig fortgesetzt werden. Ich kann hier nicht loslassen, ärgere mich jedoch tagtäglich darüber, daß wir einen so kleinen Kleiderschrank haben und ich gerne ein paar neue Sachen kaufen würde.
Ich muß loslassen, um etwas Neues erhalten zu können.

Vor vier Jahren hatte ich einen Werksvertrag mit einer Firma über ein Jahr. Eines Tages kam der Chef der Firma zu mir und sagte, daß er seine ganze Firma umstellen müsse und daß sich momentan dadurch finanzielle Engpässe ergeben. Er wollte die Trainings unbedingt weitermachen, dies sei jedoch nach neuestem Stand für ihn nicht möglich. Ich hätte jetzt auf dem Werksvertrag bestehen und die restlichen sechs Monatszahlungen einfordern können. Ich hätte an diesem Vertrag festhalten und meine ganze Kraft in dieses Festhalten investieren können.

Ich sagte, daß es für mich o.k. sei und ich die zwei geplanten Abendveranstaltungen noch durchführen werde, als kleines Dankeschön meinerseits für sein Vertrauen in meine Person. Gesagt, getan. Innerhalb der nächsten 14 Tage hatte ich den verlorenen Werksvertrag mehr als ersetzt. Jetzt kann man natürlich sagen, daß das ein Glückstreffer war. Ich würde es anders bezeichnen. Ich war bereit für etwas Neues. Ich bin überzeugt, wenn ich hier nicht losgelassen hätte, hätte ich nicht so schnell diesen Werksvertrag ersetzen können.

Loslassen gibt es auch in anderen Bereichen. Loslassen von alten Klischees. Loslassen von Dingen, die schon lange keine Daseinsberechtigung mehr haben.
Vor ungefähr vier Jahren stellte ich in einer Firma fest, daß eine Abteilungssitzung doppelgleisig läuft. Als ich den Vorgesetzten darauf angesprochen habe, meine er nur:

„Ja, die Abteilungsbesprechung haben wir vor einem Jahr neu eingeführt, aber das andere ist doch eine Informationsveranstaltung, die wir bei uns schon seit fünf Jahren machen." Als wir die Inhalte verglichen, stellte sich heraus, daß die neue Abteilungsbesprechung den Part der alten Informationsveranstaltung voll und ganz übernommen hat und zusätzlich noch andere Punkte beinhaltet.
Ich habe den Abteilungsleiter schon verstanden. Er konnte doch eine Sitzung, die es schon seit fünf Jahren gibt, nicht einfach absetzen. Er konnte nicht loslassen.

Dann sprach Almitra abermals und sagte: Und was ist mit der Ehe, Meister?
Und er antwortete und sprach:
Ihr wurdet zusammen geboren, und ihr werdet auf immer zusammen sein. Ihr werdet zusammen sein, wenn die weißen Flügel des Todes eure Tage scheiden.
Ja, ihr werdet selbst im stummen Gedenken Gottes zusammen sein. Aber laßt Raum zwischen euch.
Und laßt die Winde des Himmels zwischen euch tanzen.
Liebt einander, aber macht die Liebe nicht zur Fessel: Laßt sie eher ein wogendes Meer zwischen den Ufern eurer Seelen sein.
Füllt einander den Becher, aber trinkt nicht aus einem Becher. Gebt einander von eurem Brot, aber eßt nicht vom selben Laib. Singt und tanzt zusammen und seid fröhlich, aber laßt jeden von euch allein sein.

So wie die Saiten einer Laute allein sind und doch von derselben Musik erzittern. Gebt eure Herzen, aber nicht in des anderen Obhut. Denn nur die Hand des Lebens kann eure Herzen umfassen.
Und steht zusammen, doch nicht zu nah:
Denn die Säulen des Tempels stehen für sich. Und die Eiche und die Zypresse wachsen nicht im Schatten der anderen.

„Der Prophet" Von der Ehe Khalil Gibran
Walter-Verlag

Loslassen ist ein sehr wichtiger Prozeß im Leben. Nur was fließt, wird etwas bewegen. Was ich mit aller Kraft festhalte, kann nicht ersetzt werden.

Meine  **ganz persönlichen Notizen:**

Die Gegensätze des Lebens

Daß bei uns Menschen Theorie und Praxis oft nicht in Einklang stehen, können wir sehr gut an dem Beispiel der Gegensätze erkennen.

Unser Planet zeichnet sich durch Gegensätze aus, von denen wir uns nicht ausnehmen können:

WARM	und	**KALT**
WINTER	und	**SOMMER**
NASS	und	**TROCKEN**
TAG	und	**NACHT**
LIEBE	und	**HASS**
HOCH	und	**TIEF**

Auch in unserem Leben spielen diese Gegensätze eine große Rolle. Wie es beim Wetter ein Hoch und ein Tief gibt, so gibt es dies auch bei uns Menschen.

Wir können uns nicht an diesen Tatsachen vorbeischummeln. Wir können jedoch lernen, mit diesen Dingen umzugehen.

In der Theorie verstehen wir dies sehr gut und meinen auch, daß wir gut damit umgehen können. Oft sieht die Praxis etwas anders aus.

Herr Mayer hat Probleme in seiner Beziehung. Sie geht in Brüche. Ein Kollege tröstet ihn und erklärt ihm:

„Schau, unser Leben besteht aus Hoch's und aus Tief's. Ohne dem würde auf diesem Planeten überhaupt nichts mehr funktionieren. Ich weiß, wie hart und schmerzhaft diese Trennung für dich ist. Doch sieh dies als Chance und ich bin sicher, daß du in fünf Jahren darüber lachen wirst. Jeder von uns hat einmal eine Freundin verloren, das ist doch noch lange kein Beinbruch."

Bei diesem Gespräch möchte ich aus meiner Warte eine Chance zur Veränderung anbringen:

- Sprüche wie „In fünf Jahren wirst Du darüber lachen" nützen dem Freund nichts, denn momentan kann er absolut nicht darüber lachen.
- Den Freund wird es im Moment nicht interessieren, daß das alle anderen auch schon einmal durchgemacht haben.
- Auch wenn sein Kollege sagt, daß das doch kein Beinbruch sei, so stellt es für ihn im Moment doch einen Beinbruch dar.
- Da jeder Mensch einzigartig ist und es kein zweites Exemplar von ihm auf dieser Welt gibt, das die selben Gefühle, Verhaltensweisen und Empfindungen hat, kann der Kollege nicht wissen, was in ihm vorgeht.

Abgesehen von diesen Chancen der Veränderung möchte ich Ihnen anhand dieses Beispieles einmal erklären, wie dies in der Praxis abläuft.
Der Kollege hat seinem Kollegen Mayer klargemacht, daß wir in Hoch´s und Tief´s leben. Herr Mayer weiß dies, gibt dies auch weiter. Bisher ist alles „nur“ Theorie. Die Praxis beginnt dann dort, wenn Kollege Mayer ein Problem hat. Wie geht er damit um. Lebt er dann diese Theorie auch? Es nützt uns nichts, etwas zu wissen, wenn wir es nicht TUN.

Genau das ist oft der springende Punkt. Wir Menschen wissen sehr oft etwas sehr genau, solange es uns nicht betrifft. Wir wissen, daß es Höhen und Tiefen gibt und daß wir davor nicht weglaufen können. Doch wenn es uns selbst betrifft, wollen wir oft lieber weglaufen, als uns dieser Situation zu stellen.

Einen anderen Punkt im Rahmen dieser Gegensätze möchte ich speziell herausnehmen:

Das Geben und das Nehmen

Meiner Meinung nach kommt Geben vor Nehmen.
Viele Menschen drehen den Spieß um und nehmen zuerst, bevor sie geben. Meine Einstellung in Bezug auf dieses Geben stößt bei anderen Menschen oft auf Unverständnis. Ich habe schon oft bemerkt, daß Menschen dadurch wachgerüttelt wurden und darüber nachzudenken begannen.

Wenn ich einem anderen Menschen etwas schenke, so schenke ich es ihm gerne und habe keine Erwartungshaltung, daß er mir nun auch etwas schenken muß oder soll. Ich schenke aus Freude, aus einem inneren Drang. Ich habe nicht das Recht, nun von dem anderen auch zu erwarten, daß er mich beschenkt.

Sie werden nun vielleicht sagen: „ Ja, das ist doch das Normalste auf der Welt, was der Zehetner da schreibt.“ Ich treffe jedoch meistens das Gegenteil an. Ich sehe in der Praxis oft Leute, die geben und dann darauf warten, daß sie von dieser Person auch einmal etwas erhalten.

Meiner Meinung nach kommt im Leben alles, was wir TUN, zurück. Wir wissen nur nicht, wann und woher.

Anhand von einigen Beispielen möchte ich Ihnen nun zeigen, was ich erlebt habe:

Herr Huber geht mit seiner Frau auf einen Ball. Er lädt den ganzen Tisch an der Bar auf ein Glas Sekt ein.
Als alle das Glas ausgetrunken haben, wartet er schon ganz ungeduldig an der Bar auf den nächsten „Spender''. Denn es kann ja nicht sein, daß nur er gibt und die anderen nicht. Dies ist doch eine echte Sauerei, so dachte Herr Huber.

Wenn ich jemanden einlade, so lade ich ihn gerne ein und denke nicht daran, daß er mich jetzt auch einladen muß.

Herr Hagen hat Geburtstag. Nun lädt er Herrn Mayer mit Gattin zu seiner Geburtstagsfeier ein. Einen Monat später hat Herr Mayer Geburtstag. Herr Hagen wird nicht eingeladen. Dieser erfährt von einem seiner Kollegen, daß „der Mayer" eine Geburtstagsfeier gehabt hat. Er denkt sich nun: „Ich sagte es immer schon. Undank ist der Welten Lohn. Einmal und nie wieder habe ich den Mayer auf einen Geburtstag zu mir eingeladen. Was meint denn dieser Schmarotzer überhaupt, wer er ist."
Nur weil Herr Hagen Herrn Mayer eingeladen hat und dies umgekehrt nicht passiert ist, kann ich doch nicht von einem Schmarotzer sprechen. Die einzige Chance, die ich hier sehe ist, daß Herr Hagen lernt, mit solchen Situationen in seinem Leben besser umzugehen.

Hoch und Tief bestimmen unser Leben. Nimm es an und lebe danach. Geben kommt vor Nehmen.

Meine  **ganz persönlichen Notizen:**

Liebe und sich selbst für wichtig nehmen

Jeder Mensch hat in sich nur eine gewisse Energie, mit der er haushalten muß.

Er kann von dieser Energie nur dann etwas hergeben, wenn er selbst eine volle Batterie hat. Ansonsten kann er sich noch so bemühen, es wird ihm nicht gelingen, etwas zu geben, wenn er selbst nichts hat. Unter diesem Gesichtspunkt treffe ich jetzt die Aussage:

> Du bist der wichtigste Mensch in Deinem Leben

Auch wenn Sie zu den Menschen gehören, die in ihrem Leben sehr viel für andere Menschen tun, hat dieser Satz auch seine Daseinsberechtigung. Wenn Sie ausgelaugt sind, können Sie für andere nicht viel tun.

Wenn Sie als Vorgesetzter in einer Firma nicht auf sich schauen und ihre Batterie oft in einem schlechten Zustand ist, dann nützen Ihnen viele der guten, angeeigneten Führungsrichtlinien nichts, da Sie bei jeder Kleinigkeit gleich auf 100 sind.

Sie werden mit anderen Menschen besser umgehen, wenn Sie lernen, auch mit sich selbst gut umzugehen.

Sie werden weniger Reibungspunkte in Ihrem Leben haben, wenn Sie wenig Reibungspunkte mit sich selbst haben.

Sie werden andere eher lieben, wenn Sie sich selbst lieben.

Über das Thema Liebe gibt es schon so viele Bücher wie wahrscheinlich kaum über ein anderes Thema. In der Bibel steht: Liebe deinen Nächsten wie dich selbst. Sich selbst zu lieben ist meiner Meinung nach eine große Grundvoraussetzung, daß ich auch andere lieben kann.

Ich höre in den Betrieben oft solche Aussprüche wie: „Der mag sich ja selber nicht, darum ist er so grantig zu uns." Diese und ähnliche Sätze würden eigentlich der vorhin aufgestellten Theorie recht geben.

Mich selbst so zu lieben, wie ich bin, hat damit etwas zu tun, mich so anzunehmen, wie ich bin. Ich bin, der ich bin.

Ich erinnere in diesem Zusammenhang nochmals an die Geschichte mit dem König und seinem Garten, wo bis auf eine Pflanze keine andere Pflanze mit dem zufrieden war, was sie eigentlich war.

Nur wenn ich selbst Liebe in mir habe, kann ich auch Liebe schenken.

Meine  **ganz persönlichen Notizen:**

Spaß, Freude und Begeisterung

Viele Menschen sind der Meinung, daß diese drei Wörter nur in der Privatsphäre ihre Berechtigung haben. Ich meine jedoch, daß Spaß, Freude und Begeisterung eine der wichtigsten Grundvoraussetzungen sind, bei all dem, was ich mache. Egal,ob in der Freizeit oder im Job.

Dieses Buch habe ich im Sommerurlaub 1996 in der Türkei zu schreiben begonnen. Wir hatten nur wunderschöne Tage und trotzdem zog es mich regelmäßig in mein kleines improvisiertes Büro. Dies jedoch nur deshalb, weil es mir sehr viel Spaß machte, dieses Buch zu schreiben.

Daß es im Leben Abschnitte gibt, die unterschiedlich viel Spaß machen, ist ganz klar. Nur wer behauptet, daß ihm die Arbeit, die er tagtäglich ausübt, schon seit zehn Jahren keinen Spaß mehr macht, der sollte sich überlegen, was er dagegen tun kann. Jetzt werden verschiedene von Ihnen vielleicht denken: „Der Zehetner hat leicht reden, er ist in der glücklichen Situation, daß er einen

REINHARD HAT SPASS

Job hat, der ihn glücklich macht. Es kann doch nicht jeder bei seiner Arbeit Spaß haben. Was soll denn da ein Familienvater mit vier Kindern tun? Hier geht es doch ehrlich gesagt oft um Sein und nicht Sein, und da redet der Zehetner von Spaß haben." Ja, genau, und da rede ich von Spaß haben.

Ich kann beginnen, an mir und an meiner Einstellung zu arbeiten. Ich kann Dinge verändern. Ich kann über Veränderungen an meinem Arbeitsplatz mit meinem Chef reden. Ich kann mir an meinemArbeitsplatz eine neue Herausforderung auferlegen.
Ich kann .... Natürlich können Sie jetzt sagen, das klingt alles so einfach. Einfach ist es sicherlich nicht, trotzdem glaube ich:

- daß wir Probleme angehen müssen, wenn sie da sind
- daß wir machen sollen, was geht, und nicht sagen sollen, was nicht geht
- daß wir uns nicht selbst belügen sollen
- daß oft 80% genügen, um Dinge umzusetzen

Wenn Ihnen Ihr Job nicht mehr gefällt, so fragen Sie sich, was ganz genau passieren müßte, damit Ihnen Ihr Job wieder gefällt. Erfahrungswerte zeigen, daß oft Punkte dabei sind, die Sie als Mitarbeiter selbst verändern können, ohne daß Sie Ihren Vorgesetzten dazu brauchen.

Spaß, Freude und Begeisterung sind wichtig in Ihrem Leben.

Meine  **ganz persönlichen Notizen:**

Zum Schluß...

... noch ein paar wichtige Gedanken und Anregungen zu diesen Themen:

- Das Leben ist keine Autobahn, sondern eine Bergstraße mit vielen Hindernissen. Die Beweglichkeit und Flexibilität wird in Zukunft immer entscheidender sein.
  Wichtig ist, daß uns klar wird, daß uns all die Dinge, auf die wir einen Einfluß haben, in Fleisch und Blut übergehen.

- Wie bei Dagobert Duck ständig die Golddukaten vor den Augen blinken, muß vor unseren Augen eine Zielbrille blinken, mit der Frage:
  Erreiche ich mit meiner Aussage, mit meiner Handlung mein Ziel?
  Ich möchte, daß ein Mitarbeiter sich verändert. Ich sage ihm jedoch nichts. Erreiche ich so mein Ziel?

Ich will das Verhältnis zu meinem Arbeitskollegen Walter verbessern. Ich schreie jedoch täglich mit ihm. Kann ich so mein Ziel erreichen?

Ein Gespräch aus der Praxis:

Reinhard: Was ist das Ziel einer Beziehung?

Teilnehmer: Für einander dazusein, auszukommen, es schön miteinander zu haben.

Reinhard: Wenn dies, was Du jetzt gesagt hast, stimmt, dann erkläre mir bitte, warum ein Mann und eine Frau oft Krach wegen einer „Kleinigkeit“ haben und oft Tage lang nicht miteinander sprechen. Jeder meint, daß der andere wieder mit dem Sprechen beginnen muß oder erwartet sogar, daß der andere sich zuerst bei ihm entschuldigt. Wenn ich heute doch ständig das Ziel einer Beziehung vor Augen habe, könnte es das eigentlich gar nicht geben.

Teilnehmer: Ja, rein theoretisch.

Reinhard: Also leben wir es doch noch nicht.

Teilnehmer: Eigentlich leben wir es nicht. Wir meinen zwar, daß wir es tun. Doch wir tun es nicht.

Reinhard: Siehst DU, und das ist der Unterschied zwischen Praxis und Theorie.

- Eine der wichtigsten Erkenntnisse in meinem Leben war die, daß das TUN gelebt wird.

Eine kleine Geschichte soll Ihnen nochmals verdeutlichen, was ich darunter verstehe:

Eine kleine Geschichte:

Das ist eine kleine Geschichte über 4 Kollegen namens Jeder, Jemand, Irgendjemand und Niemand.

Es ging darum, eine wichtige Arbeit zu erledigen und Jeder war sicher, daß sich Jemand darum kümmert.

Irgendjemand hätte es tun können, doch Niemand tat es.

Jemand wurde wütend, weil es Jeders Arbeit war. Jeder dachte, Irgendjemand könnte es machen, aber Niemand wußte, daß Jeder es nicht tun würde.

Schließlich beschuldigte Jeder Jemand, weil Niemand tat, was Irgendjemand hätte tun können.

H&L pictura, Heidelberg

Das beigelegte Symbolkärtchen können Sie aus dem Buch herausnehmen und in Ihre Geldtasche geben. Es hat die Größe einer Scheckkarte. Sie können damit zwar kein Geld abheben, sie können damit jedoch einen Schritt weiterkommen in Ihrer persönlichen Entwicklung.

An dieser Stelle sollte sich ein Symbolkärtchen befinden.

Falls es verloren gegangen ist oder Sie ein zusätzliches Kärtchen benötigen wenden Sie sich bitte an:

Hecht Druck, Industriestraße 7, A-6971 Hard

Tel. 0 55 74/7 45 54, Fax 0 55 74/7 45 54-85